JÚLIA DO RIO

JÚLIA LOPES DE ALMEIDA

JÚLIA DO RIO
CRÔNICAS DA BELLE ÉPOQUE CARIOCA

ORGANIZAÇÃO E APRESENTAÇÃO
Anna Faedrich

© desta edição, Bazar do Tempo, 2024

Todos os direitos reservados e protegidos pela lei n. 9610, de 12.2.1998.

Proibida a reprodução total ou parcial sem a expressa anuência da editora.

Este livro foi revisado segundo o Acordo Ortográfico da Língua Portuguesa de 1990, em vigor no Brasil desde 2009.

EDIÇÃO Ana Cecilia Impellizieri Martins
COORDENAÇÃO EDITORIAL Fernanda Campos
ASSISTENTE EDITORIAL Bruna Ponte
COPIDESQUE Fernanda Campos
REVISÃO Sávio Alencar
CAPA, PROJETO GRÁFICO E DIAGRAMAÇÃO Daniel Justi
IMAGEM DE CAPA Júlia Lopes de Almeida. Acervo da Academia Brasileira de Letras
REPRODUÇÃO FOTOGRÁFICA Gabriela Carrera - pp. 384, 386, 387 (baixo), 390, 391, 392, 393 (alto), 394 (alto), 395 (baixo), 398
IMAGENS PP. 2, 30 E 380 Júlia Lopes de Almeida. Acervo da Academia Brasileira de Letras
IMAGENS PP. 32 E 300 Acervo da Fundação Biblioteca Nacional

CIP-BRASIL. CATALOGAÇÃO NA PUBLICAÇÃO
SINDICATO NACIONAL DOS EDITORES DE LIVROS, RJ

A448j
Almeida, Júlia Lopes de
    Júlia do Rio: crônicas da Belle Époque carioca / Júlia Lopes de Almeida.
- 1. ed. - Rio de Janeiro: Bazar do Tempo, 2024.
    21 cm.

    ISBN 978-65-85984-18-8

    1. Crônicas brasileiras. I. Título.
24-93887   CDD: 869.8
                                        CDU: 82-94(81)

Gabriela Faray Ferreira Lopes - Bibliotecária - CRB-7/6643

BAZAR DO TEMPO
Produções e Empreendimentos Culturais Ltda.

Rua General Dionísio, 53 - Humaitá
22271-050   Rio de Janeiro - RJ
contato@bazardotempo.com.br
www.bazardotempo.com.br

*– Há muita gente que considera d. Júlia o
primeiro romancista brasileiro.*

Filinto tem um movimento de alegria.

*– Pois não é? Nunca disse isso a ninguém, mas
há muito que o penso. Não era eu quem devia
estar na Academia, era ela.*

JOÃO DO RIO, "Um lar de artistas"

APRESENTAÇÃO

9

CRÔNICAS (1908-1912)

33

SOBRE JÚLIA LOPES DE ALMEIDA

381

CADERNO DE IMAGENS

385

APRESENTAÇÃO

Júlia do Rio

O Rio de Janeiro não é uma cidade,
é um país, em que cada arrabalde
representa o papel de uma outra terra,
onde até a própria língua sofre às vezes
alterações singulares...
JÚLIA LOPES DE ALMEIDA,
20 de fevereiro de 1912

Imagine caminhar pelas ruas do Rio de Janeiro no alvorecer do século XX: a maresia se mistura ao aroma dos cafés e ao cheiro penetrante da gasolina. As pessoas apressadas, as carroças e os bondes disputando espaço com os primeiros automóveis, enquanto elegantes *flâneurs*, com seus trajes bem cortados, atravessam ruas movimentadas, refletindo o espírito vibrante da *Belle Époque* carioca. Em meio a esse cenário dinâmico e repleto de contrastes, a cidade emerge como personagem literária, capturada com maestria por figuras como Joaquim Manuel de Macedo (1820-1882), Machado de Assis (1839-1908), Olavo Bilac (1865-1918), Luiz Edmundo (1878-1961), João do

Rio (1881-1921) e Lima Barreto (1881-1922). Entre esses cronistas que eternizaram a urbe carioca, destaca-se uma presença feminina – tão marcante quanto negligenciada pela história – que percorreu becos e avenidas, observando com olhar arguto e sensível as transformações da cidade: Júlia Lopes de Almeida (1862-1934).

Os cronistas contemplavam a vida cotidiana e as paisagens da Cidade Maravilhosa. O nome de João do Rio (pseudônimo de Paulo Barreto) chega a se associar a ela, tamanho o seu destaque como jornalista e cronista, pioneiro na arte da *flânerie* e da crônica-reportagem sobre a então capital federal. Após a *Belle Époque*, Rubem Braga (1913-1990) consolidou-se como o grande mestre da crônica moderna brasileira. Com o autor da célebre "Ai de ti, Copacabana!" (1958), a crônica se firmou como gênero literário e conquistou seu devido reconhecimento. Contudo, pouco se fala em cronistas mulheres. Escritoras que atuaram ativamente na imprensa periódica, como Carmen Dolores (pseudônimo de Emília Moncorvo Bandeira de Melo; 1852-1910), Júlia Lopes de Almeida, Rachel de Queiroz (1910-2003) e Clarice Lispector (1920-1977), não configuram o panteão de cronistas do Rio celebrados atualmente. O perfil de cronista dessas escritoras acaba sendo pouco conhecido e subestimado.

Rachel de Queiroz, a primeira mulher eleita para a Academia Brasileira de Letras (ABL), em 1977, foi uma cronista de mão-cheia e publicou mais de duas mil crônicas; no Rio de Janeiro, colaborou com os periódicos *Diário de Notícias*, *O Cruzeiro*, *O Jornal*, entre outros. Clarice Lispector trabalhou na imprensa carioca desde os anos 1940. Firmou-se como cronista no *Jornal do Brasil*, onde escreveu mais de trezentas crônicas ao longo de seis anos e meio, e assinou diferentes colunas femininas com pseudônimos – Tereza Quadros, Helen Palmer, Ilka Soares –, em jornais como *O Comício* (Entre Mulheres), semanário de Rubem Braga, *Correio da Manhã* (Correio Feminino) e *Diário da Noite* (Só para Mulheres). Tais crônicas receberam atenção especial da crítica literária, uma vez que se realçou a aparente dualidade da escritora, que colocava no papel conselhos para as mulheres de acordo com a norma sexista vigente. Clarice confessou sentir dificuldade no ofício de cronista, o qual exerceu basicamente pela remuneração: "E, além de ser neófita no assunto, também o sou em matéria de escrever para ganhar dinheiro. Já trabalhei na imprensa como profissional, sem assinar. Assinando, porém, fico automaticamente mais pessoal. E sinto-me um pouco como se estivesse vendendo a minha alma."[1]

---

1 Clarice Lispector, "Amor imorredouro", *Jornal do Brasil*, 9 set. 1967, in *Todas as crônicas*, org. Pedro Karp Vasquez, Rio de Janeiro: Rocco, 2018, p. 17.

Assim como aconteceu com outras escritoras de sua época, o perfil de romancista de Júlia Lopes de Almeida se destacou mais que o de cronista. Talvez porque a crônica fosse vista como um gênero literário predominantemente masculino, ou simplesmente por ser considerada de "menor relevância". É nesse contexto que *Júlia do Rio: crônicas da Belle Époque carioca* surge como um convite para que leitoras e leitores redescubram uma voz que ecoou entre as páginas dos jornais no início do século XX.

Com humor refinado, crítica afiada e profundo senso de humanidade, Júlia nos conduz por um passeio singular pela *Belle Époque* carioca. Ao revisitar essa cronista, resgatamos não apenas sua produção, mas também outras vozes femininas da época – como as escritoras brasileiras Carmen Dolores, Edwiges de Sá Pereira (1884-1958), Auta de Souza (1876-1901), Revocata Heloísa de Mello (1853-1944), Julieta de Mello Monteiro (1863-1928), Júlia Cortines (1868-1948), a poeta francesa Jane Catulle-Mendès (1867-1955), a atriz francesa Gabrielle Réjane (1856-1920), a escritora portuguesa Virgínia de Castro e Almeida (1874-1945), entre outras – que foram injustamente relegadas ao segundo plano da história literária.

Mais do que uma grande ficcionista, Júlia foi uma intérprete da modernidade e uma cronista por excelência do Rio de Janeiro. Nesta coletânea, reunimos quarenta e seis crônicas publicadas no jornal republicano e abolicionista *O Paiz*, sempre na primeira página, à esquerda – um espaço privilegiado, que reflete o prestígio e o respeito que a autora conquistou no meio intelectual e literário. Durante anos, ela manteve a coluna semanal Dois Dedos de Prosa, na qual abordava temas como política, arte, literatura, questões urbanas e sociais – assuntos tradicionalmente reservados aos homens na época. Por se tratar de um jornal voltado ao público geral, e não exclusivamente feminino, suas crônicas refletiam uma pauta de interesses mais ampla.

Ainda hoje, não é raro associar às escritoras uma suposta escrita feminina, marcada por temas e formas específicas. Em geral, atribuem-se à autoria feminina temas subjetivos, sobretudo o amor, e religiosos, tratados de maneira bem-comportada, lânguida e delicada, assim como uma literatura didático-pedagógica, voltada ao público infantil, ou textos direcionados a mulheres burguesas com conselhos claramente sexistas. Júlia Lopes de Almeida, por sua vez, escreveu livros didáticos e de conselhos para mulheres, conforme a expectativa da época, mas subverteu as regras machistas do jogo. Uma análise mais cuidadosa de sua obra revela uma escrita que desafia essas convenções.

As crônicas publicadas em *O Paiz* são exemplos dessa transgressão. Júlia do Rio[2] desenha o dia a dia carioca, ao tratar de assuntos urbanos, políticos e culturais; demonstra erudição como crítica de arte (música, dança, teatro, literatura); é arguta ao comparar o cotidiano carioca com o de outras cidades do mundo, mostrando, por exemplo, como deveria ser a nossa polícia. Dessa forma, trata de temas que fogem ao que era esperado de uma escritora mulher, como a importância do desarmamento da população e o bombardeio de Salvador em 1912, sem deixar de fazer duras críticas aos governantes, em especial ao prefeito do Rio de Janeiro.

Testemunha das transformações urbanas e das ambivalências da modernização, assim como João do Rio e Olavo Bilac, Júlia registrou as mudanças físicas, culturais e sociais da *Belle Époque*, expressando entusiasmo com a higienização e a remodelagem da cidade. Familiar com a cultura francesa, suas reflexões estavam vinculadas à ideia de civilização e de progresso, cujo modelo era Paris. O processo de modernização urbana foi inspirado na reconfiguração da capital francesa por Georges-Eugène Haussmann (1809-1891). A Cidade Maravilhosa almejava

---

2 Cognome que criei para destacar a importância de Júlia Lopes de Almeida como cronista do Rio de Janeiro.

ser "uma Paris no Brasil", desejo comum a outras capitais, como São Paulo e Porto Alegre. Entre 1902 e 1906, praças e edifícios suntuosos foram construídos, ruas ampliadas, cortiços e prédios velhos demolidos. Uma metrópole nascia, com iluminação pública, novas redes de esgoto e linhas de bonde; as inaugurações do Theatro Municipal, da nova Biblioteca Nacional e do Círculo de Belas Artes compunham a fisionomia de um Rio de Janeiro moderno e civilizado. Júlia do Rio vibrou com boa parte das mudanças, e suas crônicas são ainda hoje fonte histórica de compreensão da reforma planejada pelo engenheiro Francisco Pereira Passos, então prefeito da cidade, com auxílio do sanitarista Oswaldo Cruz.

O cotidiano carioca rouba a cena na obra literária e jornalística de Júlia Lopes de Almeida. Antes das reformas, a cidade sofria com o trânsito caótico, o abastecimento de água e iluminação precários, a falta de higiene e de saneamento, sendo foco de muitas doenças. No romance *Memórias de Marta*, há o registro das condições desumanas vivenciadas pelos moradores de cortiços. Publicado em folhetim, entre 1888 e 1889, antes do célebre *O cortiço* (1890), de Aluísio Azevedo, o romance de Júlia Lopes de Almeida merece maior reconhecimento na história literária brasileira. É inevitável o diálogo entre Almeida e Azevedo, porque ambos retratam com traços naturalistas o mundo próprio daqueles ambientes na capital brasileira. Os dois autores esposavam argumentos do evolucionismo aplicado ao mundo social, e Júlia lia os livros de seu principal representante, o filósofo inglês Herbert Spencer (1820-1903).

Com uma visão observadora e crítica dos eventos cotidianos e citadinos, Júlia do Rio tornou-se porta-voz dos interesses de munícipes, da agenda cultural e do progresso das mudanças urbanas. Tinha um olhar certeiro sobre o estrangeiro europeu e o hábito de comparar o Rio de Janeiro com outras cidades do mundo, sobretudo Londres e Paris. A inauguração do Theatro Municipal, por exemplo, deixou-a entusiasmada: "A cidade está radiante; tem mais um título de glória para a admiração do estrangeiro e de orgulho para a satisfação própria." Nesse mesmo teatro, em 1912, foi encenada sua peça *Quem não perdoa*.

Protagonista de suas crônicas, o Rio moderno nem sempre é visto com encantamento. Por vezes, a escritora demonstra certa perplexidade face à modernidade, lamentando, por exemplo, o fim da *flânerie* tão adorada pelos cronistas e poetas cariocas:

> O prazer de passear acabou. Quem anda pelas ruas tem a preocupação aborrecida de observar constantemente em redor de si, visto que nenhum gesto de policial imperativo faria sustar qualquer automóvel que o ameaçasse.
>
> Madame Catulle-Mendès, acostumada como está ao bulício de Paris, disse-me ter mais medo de atravessar aqui

uma rua do que naquela capital, pela razão simplicíssima de que os veículos aqui têm um movimento desigual e demasiadamente acelerado.

No início do século XX, o Rio de Janeiro teve sua fisionomia e cheiro alterados pela presença dos automóveis, quando "o odor de estrume das ruas foi substituído pelo de gasolina".[3] A cidade ficou mais barulhenta com o som das buzinas, e o "fom-fom" inspirou Jorge Schmidt na criação da revista *Fon-Fon!*, em 1907. Essa cidade progressista despertou sentimentos antitéticos na cronista, que registrou a sua insatisfação com o trânsito tumultuado, a falta de fiscalização para domar o tráfego selvagem, o cheiro de gasolina e a poluição liberados pelos carros:

[...] não sei por que motivo a inspetoria de veículos não toma medidas rigorosas para obstar a que os automóveis na cidade desprendam tão repetidamente o vapor da gasolina, de tão fétido cheiro. [...] Não bastarão para nosso tormento as nuvens de pó que os automóveis revolucionam e espalham nas suas correrias assassinas?

---

3   Ruy Castro, *Metrópole à beira-mar*: o Rio moderno nos anos 20, São Paulo: Companhia das Letras, 2019, p. 35.

Uma das consequências da modernidade parecia ser a crescente falta de sossego. Na crônica 45 deste livro, Júlia comenta: "É de fazer tremer. O passageiro está sempre assim na iminência dolorosa de assistir à cena terrível da morte de uma criança esmagada pelas rodas de um pesado elétrico." Ao mencionar "criança", ela se refere aos "pequenos vendedores de jornais", meninos que tentavam ganhar algum dinheiro vendendo jornais nos bondes. Essa era uma cena corriqueira na capital brasileira, e ela critica a negligência policial diante dessa realidade:

> Assim como a polícia não se incomoda com a indisciplina dos *chauffeurs*, não se inquieta também com a audácia dos pequenos vendedores de jornais, os garotos espertos que saltam nas entrelinhas dos bondes; que se atiram dos estribos de um carro para os de outro carro com uma agilidade que os pode trair e fazer pagar muitíssimo caro o interesse que tiverem tido no lucro de alguns tostões. [...] Diante de todos estes desconchavos, de todas estas balbúrdias e feios aspectos, nenhuma pena votada às glórias da sua cidade pode permanecer inerte ou indiferente. Confessar erros e apontar com toda sinceridade defeitos que parecem corrigíveis, se não é tarefa doce, é bem-intencionada.

Surpreende o leitor de hoje perceber que o teor das crônicas, que servem de registro histórico do auge da *Belle*

Époque, ainda conste na pauta do debate público contemporâneo. Os problemas advindos da militarização das polícias, em particular do Rio de Janeiro, que mata e morre como poucas no mundo, é tema permanente na agenda dos debates acadêmicos de hoje sobre segurança pública. Há mais de um século, Júlia criticava o despreparo dos nossos policiais, a violência brutal e os abusos exercidos: "O organismo da polícia não pode ser só constituído pela força física, mas também pela força moral, que dá prestígio, que mantém a calma na cólera, e a serenidade diante das provocações." A cronista enxergava o perigo da polícia, que, infelizmente, não acolhia e protegia; pelo contrário, atuava como "possibilidade de morte":

> É indispensável que a nossa polícia se transforme, que a tenhamos como uma garantia e não como uma ameaça, que ela seja para nós uma defesa e não um perigo, um elemento de vida e não uma possibilidade de morte. É preciso que não sejamos obrigados a fugir *da* polícia, mas *para* a polícia, quando nos julgarmos em perigo.

Para Júlia do Rio, o parâmetro da civilização se dava pela qualidade das polícias e seu respeito ao cidadão. "Qual será o meio de civilizar o nosso policial fardado, e de lhe transformar os ímpetos nativos em ações de prudência e de respeito alheio e próprio?", ela pergunta. Onze décadas depois, a imprensa noticiaria:

> A polícia do estado do Rio de Janeiro é a mais letal do Brasil. Em 2018, foi responsável pelas mortes de 9 a cada 100 mil habitantes – uma taxa três vezes e meia maior que nos demais estados do país. [...] De janeiro a julho, policiais do Rio de Janeiro mataram 1.075 pessoas – o dobro de mortes cometidas pela polícia dos Estados Unidos nesse mesmo período.[4]

Discussões polêmicas sobre o desarmamento da população, que continuam a animar debates políticos na esfera pública brasileira, críticas aos governantes, registros do aumento de roubos e de violência urbana, da falta de investimento na educação e na saúde públicas, do fechamento indevido de escolas para mulheres são temas presentes nas crônicas de Júlia reunidas neste livro, que revelam tanto a atualidade de sua crítica quanto a longevidade de nossos problemas nacionais. Em 1908, ela observa que "quase toda a gente anda armada" no país, registra seu desgosto e o perigo que é ter a posse de uma arma:

---

4   Luigi Mazza; Amanda Rossi; Renata Buono, "A polícia que mais mata", *piauí*, São Paulo, 26 ago. 2019. Disponível em <https://piaui.folha.uol.com.br/policia-que-mais-mata/>. Acesso em 29 jan. 2021.

[...] quantos e quantos crimes são cometidos sem premeditação, só pelo recurso que em um momento de desvario impulsivo um indivíduo encontra na faca pontuda que traz oculta na cava do colete, ou no revólver carregado que lhe pesa no bolso traseiro das calças! Além de ser esse um hábito covarde, de que todo o brasileiro se deve libertar, é um hábito perigoso, e que de um momento para o outro o pode transformar na mais desgraçada das criaturas. [...] Ninguém carrega um objeto mortífero consigo sem um interesse ou uma ideia qualquer [...].

Júlia posicionou-se, portanto, a favor do desarmamento da população. Nesta crônica, a autora critica o aumento de roubos em seu bairro e a incompetência da polícia: "Se souberem por aí que fui assassinada com toda a minha família a horas mortas da noite por ladrões iludidos na sua boa-fé, ninguém estranhe o caso, porque as patrulhas, coitadas, têm medo de rondar o sítio isolado e trevoso em que nós e os nossos vizinhos [...] nos lembramos de assentar acampamento." Entretanto, mostrava-se avessa ao espírito justiceiro que nos assombra até hoje.

Sensível à questão de classe e à desigualdade da justiça no país, a escritora carioca criticou a benevolência dos júris e a impunidade dos criminosos "de certa posição":

[...] aos criminosos de melhor posição social, deveria a justiça punir com mais desassombro, porque eles não têm a desculpá-los nem a ignorância que brutaliza os homens, nem a fome que alucina todo o animal, irracional ou não. Condenar um ladrão de botas rotas ao cárcere e deixar passear o outro de botas de verniz reluzente pelos salões; segregar do convívio da sociedade um assassino analfabeto e desamparado, para consentir que outros assassinos bem-vestidos circulem pelas ruas, se misturem à gente honesta, cortejando moças inocentes ou intervindo em negócios públicos, é fato que bradaria pela justiça, se além de cega ela não se tivesse também feito surda.

Infelizmente, a desigualdade da justiça persiste, punindo severamente ladrões de xampus[5] e ignorando os criminosos "de botas de verniz".

Em outras crônicas, ao tratar da febre amarela e da tuberculose, Júlia mostra-se como uma mulher que não era alheia às causas sociais e exigia ação da autoridade pública: "A obrigação do governo é fortalecer cada vez mais as instituições que zelem pela saúde pública." Além

---

5   Referência ao jovem que foi preso por roubar dois xampus no valor de dez reais cada, no interior de São Paulo, em fevereiro de 2020. O Supremo Tribunal Federal (STF) negou o pedido de liberdade do réu.

disso, criticava os poucos gastos com a higiene: "Que se tem feito aqui para combater a tuberculose? Não sei; não se contando com a iniciativa particular, não sei nada. Portanto, não há nessa questão da saúde pública despesas a diminuir, mas despesas a acrescentar." É curioso pensar que, nos anos 2020 e 2021, vivemos o auge da pandemia de covid-19, tendo na presidência do Brasil um governo que conteve os gastos com a saúde pública e os programas sociais, enquanto milhares de pessoas morriam vítimas da doença, assim como ocorreu com a febre amarela e a tuberculose no início do século XX. A lucidez e a sensibilidade de Júlia Lopes de Almeida impressionam:

> Nós ainda gastamos pouco com a higiene. Aí está a tuberculose para o provar. É outra inimiga encarniçada a guerrear, a guerrear sem tréguas nem cansaço. Se para isso for preciso gastar muito dinheiro, gastemos. A economia em tais casos é um crime pavoroso, indigno das nações civilizadas e dos governos hábeis.

A coluna Dois Dedos de Prosa também era um espaço de registro da vida literária e cultural na capital brasileira e trouxe à luz inúmeras escritoras e artistas, nacionais e estrangeiras, de modo a valorizar a produção feminina. Além de sua importância, o registro, que eternizou esses nomes e hoje nos possibilita conhecê-los, à época, foi significativo para a visibilidade da atuação das mulheres no meio cultural, intelectual e literário do país. Escritoras de diferentes estados enviavam seus livros para Júlia e garantiam – no mínimo – um comentário na primeira página de *O Paiz*. Ao ocupar um espaço privilegiado na imprensa, muitas vezes desmerecido por parte da crítica, por se tratar de uma mulher branca e de elite, Júlia aproveitava para fazer circular e prestigiar talentos femininos que, talvez, não recebessem a atenção de outros cronistas homens. Mesmo que soe anacrônico, é possível pensar que a sororidade despontava naquelas páginas, em que há uma luta sutil contra o machismo e a invisibilidade das mulheres.

Outro hábito comum era comparar o Rio de Janeiro com São Paulo. Ela gostava do ar cosmopolita da pauliceia, e lamentava que a cidade carioca não fosse tão cuidada como a paulista:

> A entrada do Rio de Janeiro por terra [...] é de uma fealdade verdadeiramente inqualificável! [...] principalmente para quem traz na retina, ainda viva e fresca, a visão das casas de São Paulo, já não digo os palácios, de que tanto se ufanam os paulistas [...]; mas principalmente nas casas de residência particular, riscadas com habilidade por arquitetos de bom gosto e que dão às alamedas da cidade um aspecto novo e muito interessante. É bem possível que eu esteja dizendo uma heresia, preferindo o estilo paulista na arquitetura das

habitações de menos opulência, por apreciar nos grandes edifícios linhas serenas, menos revoltosas e mais clássicas, mas, na verdade, o que principalmente me seduziu na capital do grande estado vizinho foi o estilo original, novo, misturado, das suas *cottages*... cosmopolitas.

A experiência em outros estados e no exterior do país permitiu à autora uma análise comparativa entre o Rio e outras metrópoles, de modo a aguçar a sua percepção crítica e vislumbrar a possibilidade de um novo Rio de Janeiro. Repleta de propostas para a melhoria da vida urbana, o espaço de suas crônicas documenta, mas também reivindica e propõe intervenções. A linguagem das crônicas é simples; o tom, por vezes, é de conversa, abrindo espaço precioso de intimidade com o(a) leitor(a), e outras vezes é de indignação, protesto contra as atitudes dos governantes, em defesa da cidade e de sua população.

É amplamente sabido que Júlia Lopes de Almeida integrou o grupo de intelectuais responsável pela idealização da Academia Brasileira de Letras, embora apenas Filinto de Almeida, seu marido, tenha se tornado imortal, sendo o fundador da cadeira número 3. Por ser mulher, Júlia foi excluída do panteão dos acadêmicos e nunca se pronunciou publicamente sobre isso. Somente oitenta anos depois, em 1977, uma mulher pôde candidatar-se e ingressar na ABL, no caso, Rachel de Queiroz. Vale destacar que a exclusão feminina não era consenso entre os membros fundadores. Filinto, assim como Lúcio de Mendonça e Valentim Magalhães, se opunha a essa restrição. Em entrevista concedida a João do Rio, Filinto expressa seu lamento pela ausência da maior romancista do país na Academia:

> – Há muita gente que considera d. Júlia o primeiro romancista brasileiro.
>
> Filinto tem um movimento de alegria.
>
> – Pois não é? Nunca disse isso a ninguém, mas há muito que o penso. Não era eu quem devia estar na Academia, era ela.[6]

Apesar de Júlia Lopes de Almeida não ter se manifestado explicitamente sobre sua exclusão da lista dos quarenta imortais, há registros de que ela comparecia aos eventos da Casa. Na crônica "Uma festa literária", de 16 de agosto de 1910, ao comentar sobre o evento de posse de seu amigo João do Rio, o primeiro imortal que utilizou o tradicional fardão oficial, ela critica a postura de alguns acadêmicos que não compareceram:

---

6   João do Rio, "Um lar de artistas", in *O momento literário*, Rio de Janeiro: H. Garnier, [1908], p. 23. Disponível em <https://digital.bbm.usp. br/handle/bbm/1977>. Acesso em 9 ago. 2024.

> Foi pena que as quarenta poltronas da Academia Brasileira de Letras não estivessem quase todas ocupadas na bela noite da recepção de Paulo Barreto... Digo quase, porque ninguém ignora que algumas dessas cadeiras pertencem a escritores que vivem fora do país ou em estados afastados da capital.
>
> Concedendo mesmo que um ou outro dos acadêmicos residentes no Rio de Janeiro não pudesse, por motivos muito imperiosos, comparecer à festa solene da recepção de um novo colega, ainda assim o número de lugares vazios era tão grande e punha na sala um vácuo tão frio, de uma indiferença tão inexplicável e absurda, que não podia deixar de ser notada e causar estranheza a toda a gente que se apinhava ali, em *toilette* de festa, em torno do estrado dos consagrados, com ouvidos curiosos e as mãos fremindo para os aplausos justos. De resto, era difícil conceber a ideia de que todos os ausentes tivessem sido impedidos de assistir à sessão da sua casa, por motivos de força maior...

Essa "indiferença tão inexplicável e absurda" não passou despercebida pela cronista, que fez questão de expressar publicamente a sua indignação, tendo em vista o quanto valorizava o trabalho do criativo e polêmico João do Rio.

Ciente da importância de seu ofício, Júlia do Rio reconhecia o poder de influência de suas crônicas. Ela sabia que suas palavras podiam impactar os governantes – a quem frequentemente se dirigia – e, ainda que de forma involuntária, suas sugestões poderiam ser adotadas: "[...] os cronistas lançam essas ideias no papel para que outros as leiam e fiquem com elas no sentido até que, perdida muitas vezes na memória a verdadeira fonte da sua origem, as apresentem como suas de modo direto e positivo. É quase sempre o que acontece; e ainda bem quando acontece!"

Lançando suas ideias no papel com uma prosa elegante e um olhar perspicaz, Júlia Lopes de Almeida nos conduz por um Rio de Janeiro em plena efervescência, onde tradição e modernidade se cruzam em cada esquina. Como uma autêntica *flanêuse*, ela captura os detalhes da vida urbana com sensibilidade, ironia e uma sutileza que transcende o tempo. É com especial entusiasmo que apresentamos esta coletânea de crônicas de uma escritora cuja obra merece ser redescoberta, não apenas por sua relevância histórica, mas também pela qualidade literária.

A imersão nessas crônicas transporta leitoras e leitores para um passeio pelas ruas e avenidas de uma cidade em transformação, guiados por uma voz que, mesmo vinda de outra época, continua a reverberar com força e atualidade. Júlia do Rio nos convida a olhar para o passado e repensar o presente, redescobrindo os espaços urbanos e suas múltiplas camadas de memória. Ao final deste percurso, é possível perceber, nas entrelinhas das crônicas, o rumor discreto dos passos de Júlia Lopes de Almeida – sempre presente, sempre atenta, nos lembrando que a vida, como a cidade, está em constante movimento e reinvenção.

ANNA FAEDRICH[7]

Professora de Literatura Brasileira na Universidade Federal Fluminense (UFF). Publicou, entre outros livros, *Escritoras silenciadas* (2022) e *Teorias da autoficção* (2022).

---

7 Sou profundamente grata ao neto de Júlia Lopes de Almeida, Cláudio Lopes de Almeida, pela acolhida afetuosa e pelas valiosas contribuições à minha pesquisa; à Beth Araújo, pela parceria constante em diversos projetos sobre a autora; e à Fernanda Campos e ao Sávio Alencar, pelas leituras atentas e trocas preciosas.

JÚLIA DO RIO

CRÔNICAS DA BELLE ÉPOQUE CARIOCA

Julia Lopes de Almeida

Fac-símile da primeira página do jornal *O Paiz*, edição de 25 de agosto de 1908, dia da publicação da primeira crônica da coluna Dois Dedos de Prosa, ao lado esquerdo da página.

1

DOIS DEDOS DE PROSA[1]

25 de agosto de 1908

Sábado acordei ouvindo o barulho da chuva e logo uma doce alegria se espalhou pelo meu espírito, a ideia de que os gramados do meu jardim e as árvores do meu pomar, tão abrasadas pela míngua d'água em que têm crescido, tinham enfim para ressuscitar-lhes as fileiras semimortas uma rega salvadora. A verdade, para mim solenemente

---

1 A maioria das crônicas deste livro foi publicada na coluna Dois Dedos de Prosa, do jornal *O Paiz*. Das quarenta e seis crônicas, apenas três não fazem parte dessa coluna. Por isso, optamos por deixar somente a data de publicação como título das próximas crônicas de Dois Dedos de Prosa. (N.E.)

triste, é que morando eu a cinco minutos da Carioca, seja a minha casa fornecida de água só das cinco e meia ou seis horas até às nove e pouco da manhã, e isso mesmo por um encanamento de tão pequeno diâmetro, que a água não tem pressão que a faça subir até o alto das chácaras dos meus vizinhos nem da minha, onde vicejariam espinafres e alfaces e assim não floresce nem um mísero pé de couve.

Este assunto não interessa ao leitor, mas interessa-me a mim e não é demais que, ao menos uma vez na vida, eu propugne aqui pelos meus interesses de munícipe apaixonada por violetas e morangos. Hortaliça também. Quem não gosta de couve-flor? Imaginemos que todos os quintais do Rio transbordavam de lindas flores, saborosas frutas e delicadas verduras e veríamos talvez mudada a nossa feição melancólica em aparência satisfeita e risonha. Valha-nos o dr. Sampaio Correia,[2] que se quiser mandar verificar à estrada carril de Santa Teresa a razão desta queixa, que faço constrangida, acha-la-á justa. Perdi da memória o número de vezes que fui ao escritório das

---

2   Nas crônicas reunidas neste livro, a autora cita vários personagens da época (políticos, jornalistas, escritores, escritoras, atores, atrizes, etc.). Optamos por não inserir notas explicativas nesses casos por conta do alto volume e por se tratarem, na maior parte dos casos, de figuras conhecidas ou facilmente pesquisáveis. (N.E.)

obras públicas pedir ao seu antecessor remédio para um mal de que sofremos sem culpa, visto que satisfazemos todas as contribuições do estilo.

É como a polícia. Se souberem por aí que fui assassinada com toda a minha família a horas mortas da noite por ladrões iludidos na sua boa-fé, ninguém estranhe o caso, porque as patrulhas, coitadas, têm medo de rondar o sítio isolado e trevoso em que nós e os nossos vizinhos (reparem que não sou egoísta e nunca aludo a mim só) nos lembramos de assentar acampamento. Compreendo que não deva ser agradável caminhar um sujeito para trás e para diante num caminho que escorrega de um lado em ribanceiras de que podem emergir vultos inesperadamente, e do outro as raras casas sejam intervaladas por mato híspido igualmente favorável às esperas para o assalto. É um estado de alma compreensível.

De resto, a brava ronda, certa da valentia geral, deixa aos moradores da estrada o cuidado de defenderem a sua vida e a sua propriedade, a revólver. Por mim, tenho feito constar por toda a redondeza que sou capaz de matar um tico-tico que voe a mais de quinhentos metros acima de minha cabeça. Parece-me que acreditam.

Neste sentido recebi da mais impressionável das minhas amigas um conselho original e que cedo a quem o quiser: o de mandar fazer algumas figuras de cera, com olhos iluminados por lamparinas internas, e postá-las todas as noites na varanda e no terraço, de armas engatilhadas para o jardim. Um fio elétrico... Mas a explicação desse maquinismo levar-nos-ia muito longe, e nem ele é necessário em um país em que quase toda a gente anda armada, infelizmente. Infelizmente, sim, porque quantos e quantos crimes são cometidos sem premeditação, só pelo recurso que em um momento de desvario impulsivo um indivíduo encontra na faca pontuda que traz oculta na cava do colete, ou no revólver carregado que lhe pesa no bolso traseiro das calças! Além de ser esse um hábito covarde, de que todo o brasileiro se deve libertar, é um hábito perigoso, e que de um momento para o outro o pode transformar na mais desgraçada das criaturas. Todos os assassinatos executados com armas usadas pelos assassinos devem ser considerados, sejam quais forem as suas atenuantes, com a agravante da premeditação. Ninguém carrega um objeto mortífero consigo sem um interesse ou uma ideia qualquer, a não ser que esses objetos sejam (como os longos alfinetes dos chapéus das senhoras) objetos de uso particular. E aí estão umas armas com que ninguém conta... pelo menos os que ainda não viram a *Théodora*, de Sardou. Felizmente, estes constituem a maioria.

Não costumo ler jornais estrangeiros, a não ser revistas de arte, nem posso, portanto, imaginar se ao número dos nossos crimes iguala ou excede o de outros países em que o uso das armas não seja tão comum, ou em que a benevolência dos júris não seja tamanha como aqui, onde os criminosos de certa posição, contando com a impunidade certa, levam a efeito os atos de maior atrocidade ou de mais feia culpa. Todavia, exatamente, aos criminosos de melhor posição social, deveria a justiça punir com mais desassombro, porque eles não têm a desculpá-los nem a ignorância que brutaliza os homens, nem a fome que alucina todo o animal, irracional ou não. Condenar um ladrão de botas rotas ao cárcere e deixar passear o outro de botas de verniz reluzente pelos salões; segregar do convívio da sociedade um assassino analfabeto e desamparado, para consentir que outros assassinos bem-vestidos circulem pelas ruas, se misturem à gente honesta, cortejando moças inocentes ou intervindo em negócios públicos, é fato que bradaria pela justiça, se além de cega ela não se tivesse também feito surda.

Este drama de São Paulo, vibrado entre as paredes do próprio tribunal com inconcebível audácia, que dolorosas surpresas nos trará, a nós todos, que nos interessamos pela perfeição moral dos nossos costumes e da nossa raça?

A propósito de raça: ninguém imagina a inveja que o lindo artigo de Alfredo de Mesquita,[3] publicado sexta-fei-

---

3 Referência à crônica "A Americana", publicada por Alfredo de Mesquita no jornal *O Paiz* em 21 de agosto de 1908. (N.E.)

ra nesta folha, provocou no meu espírito, não pela minha, mas pela sorte de minhas filhas, comparada à das meninas americanas. A alegria, a atividade, o desembaraço dessas lindas criaturas teriam também as nossas, se os homens brasileiros consentissem nisso. Eu não admiro a mulher americana, admiro o homem americano que não se opôs a que ela se individualizasse e tomasse os ares de independência que seriam tidos ainda entre nós como escandalosos, e são, entretanto, mais inocentes do que os das sociedades hipócritas. Aqui o homem ainda é um inimigo da mulher. Lá é um irmão. É só essa a diferença. Mas a ocasião agora não é para estudos comparativos das sociedades, mas para estudos comparativos do nosso progresso material e artístico. Ainda no último sábado, em um dos salões do rés do chão do almirantado, passei uma hora interessantíssima, vendo ao lado de primorosas reproduções de vários dos nossos navios de guerra e que fazem parte do museu naval, pequenos modelos de embarcações brasileiras de todo o gênero, desde as canoas dos índios, agudas como lançadeiras, destinadas a cortarem as águas dos rios e a se despenharem pelas cachoeiras fragorosas; desde as jangadas e as balsas do norte, que se unem à terra durante o dia e deslizam à noite para o meio das águas, fugindo ao ataque das onças bravas; desde o que há, enfim, de mais primitivo no país, até ao que se faz modernamente de mais aperfeiçoado. O interesse por essa exposição[4] pitoresca e curiosa cresce com a ideia de que ela é o berço de uma escola marítima como talvez não haja outra igual em todo o mundo. Não cabe neste fim de crônica ligeira falar de intuitos tão patrióticos e tão complexos, os quais, estou certa, encontrarão no governo o apoio que tudo facilita. O que é preciso é que, ao desejo de realizar obra tão importante, junte o seu iniciador, dr. João Marques, a tenacidade, que é a maior força conquistadora...

---

4 Referência à Exposição Nacional de 1908, inaugurada no dia 11 de agosto em comemoração ao centenário da Abertura dos Portos às Nações Amigas, decretada por d. João VI em 28 de janeiro de 1808. O principal objetivo do evento era, na verdade, apresentar a cidade do Rio de Janeiro, capital da República, recém urbanizada e saneada pelo então prefeito Francisco Pereira Passos e pelo cientista Oswaldo Cruz, respectivamente. (N.E.)

2
O PODER DO MISTÉRIO

22 de setembro de 1908

Essa infeliz mulher assassinada na rua do Lavradio há já não me lembro quantos dias poderia servir magnificamente para modelo de mártir num romance sentimental, ao mesmo tempo que sugere assunto para a futilidade de uma crônica.

Ela morreu, dizem os jornais, com a mão crispada sobre o peito, agarrando freneticamente a figa que trazia pendente do pescoço. No último arranco, diante da morte inevitável, procurou por instinto o amuleto que lhe garantia a salvação; e o amuleto não agiu, por indiferença ou por misericórdia, dadas as circunstâncias em que vivia a vítima.

À força de lermos essas tragédias da cidade, que a literatura dos repórteres explora com tanto afã, chegamos a não nos comover demasiadamente com elas. Realmente, ficaríamos cegos se chorássemos sobre todos os fatos tristes que deslizam pelos noticiários, ou morreríamos cedo, de inanição, se nos puséssemos a gritar contra todas as iniquidades que eles referem. O que nos vale é que a civilização, ao mesmo tempo que requinta as faculdades sensitivas do homem, fabrica capas imponderáveis mas impermeáveis para abrigo das almas dos leitores dos jornais! Contudo, há dramas tão imprevistos ou tão pungentes, que varam a impermeabilidade desses mantos e nos alagam a alma de uma onda amarga. Esse assassinato da rua do Lavradio foi um deles; mais doloroso ainda pela revelação de um passado horrível, de torturas lentas que pisaram e repisaram um coração de mulher, que pela sua própria brutalidade. Desse crime nojento, surge redimida e pura a pobre meretriz que errou pela vida, sempre fora do caminho por que desejava andar...

Da legião dolorosa dessas criaturas sem família, sem lar e sem carinho por que o nosso olhar resvala e logo se retrai, destaca-se de vez em quando uma ou outra figura pálida, desgrenhada, soluço de agonia em forma humana, clamando pela morte ou por vingança, antes de cair na sepultura, varada pela faca de um bandido ou pela bala de um revólver que ela mesma empunhe. Essas aparições sinistras saem da treva maldita como gritos de desespero incontido, ressoando aos nossos ouvidos de um modo trágico e novo...

Nós, as mulheres, vivemos tão separadas umas das outras, as nossas almas ignoram-se por tal modo, que não presumimos que as de certas classes bestiais e inferiores possam ter sensibilidades e delicadezas, como as das outras mulheres. A morte igualitária levanta então de vez em quando o seu manto piedoso de sobre um cadáver de desconhecida, que teríamos repudiado em vida, e relata-nos que dentro daquela carne, que em pó se há de tornar como de toda a gente, se debateu uma alma capaz de cumprir os mais terríveis sacrifícios e as mais puras promessas...

A dessa infeliz mulher da rua do Lavradio era a de uma *mater dolorosa*[5] em peregrinação pelo terror... Terror do futuro, do inevitável dia de uma declaração que lhe queimava o peito e não sabia como lhe haveria um dia de sair da boca... Não! Ninguém, por mais acostumado que esteja à leitura dos fatos dolorosos da cidade, poderia ter lido sem grande comoção a história desse coração de pecadora e de mãe, em que não se contavam horas de felicidade e eram inúmeras as de desespero.

5 Em italiano, "mãe dolorosa". (N.E.)

O instinto da vida, que faz gritar por um médico, até ao indivíduo que preparou veneno por suas próprias mãos e por sua vontade o ingeriu, fez com que essa mulher, que suspirava pela morte, procurasse livrar-se dela apelando para as virtudes do amuleto que trazia pendente do pescoço.

Esse amuleto era uma figa, e essa figa não a livrou nem do mau-olhado nem do acidente que a atirou para a sepultura.

***

Filosofemos um pouco sobre este caso que é neste ponto que ele se presta para a crônica.

Dizem os sábios que é entre os povos selvagens que os fetiches são mais numerosos e usados com maior fé. Não me parece que eles sobrepujem muito nisso os povos civilizados, porque sociedades que nada têm de selvagens fazem de objetos materiais e toscos imagens representativas da sua tranquilidade e da sua ventura na terra. Dentre todos os fetiches, a figa é a mais universalmente considerada como possuidora das mais sagazes repulsas e das mais virtuosas proteções. Os malefícios dissolvem-se em nuvem protetora sobre a cabeça de quem a usa. De âmbar, de coral, de ouro ou de madeira, fabricada em Paris ou vinda da Guiné, perfeita ou mal talhada, ela contém sempre o mesmo poder enigmático, indiscutível e superior, que muda o destino das criaturas livrando-as de toda a espécie de calamidades. Os nossos ourives poderão não ter nas suas vitrinas pulseiras ou anéis, mas não deixarão de ostentar nelas figas de coral de Nápoles ou do Japão, como um voto de segurança pela tranquilidade da população da cidade. Na culta Europa, na febril América, na Ásia, na África, na Oceania, onde houver seres pensantes, há fetiches, sob a forma de um trevo ou de uma aranha, de uma mão fechada ou de um corcundinha, de um besouro ou de uma medalha. Essa crença, mais velha que a religião de Cristo, vem dos tempos imemoriais, como uma herança da inquietação do espírito e do gosto pelo absurdo, que se renova em cada homem que surge. Que importa, aos próprios religiosos, que a sua religião, católica, hebraica ou protestante, interdiga o uso desses objetos de bruxedo, se a sua posse lhes assegura tanta tranquilidade de espírito? Se desde a mais velha civilização do Egito, que por sua vez já o tinha herdado de outros povos, vem até nós, com escalas por todas as civilizações da história, o uso de amuletos como defensores dos assaltos do mistério ou do diabo, é exatamente porque esse poder é absurdo e em todos os tempos o homem gostou do inexplicável... O escaravelho negro dos egípcios tinha o condão maravilhoso de livrar da peste, da fome, da sede, da malquerença e da intriga, de todos os males, enfim, que torturam o homem animal e espiritual, bem como hoje o ramo de coral de Nápoles.

Nos museus de antiguidades encontram-se várias espécies de fetiches: ídolos, insetos, etc., representados em colares etruscos, fivelas persas, anéis gregos e outros objetos; contudo, suponho que em tempo algum houve tamanha variedade de amuletos como nestes de claro raciocínio e positiva razão por que vamos passando. Há amuletos com fins especiais para cada bem desejado: o amor, a saúde, o dinheiro, a glória; representados pelo trevo de quatro folhas, a figa, o hediondo corcundinha e não sei que mais.

Mas de todos esses símbolos do poder ignoto e da superstição, nenhum conseguiu jamais firmar-se numa fé tão segura e tão espalhada pelo mundo como o que representa a mãozinha fechada com o polegar passado entre o indicador e o médio... E foi exatamente esse amuleto de tão inquestionáveis virtudes, que não soube livrar dos golpes de um assassino o seio de uma mulher de cuja carne ele sentia o calor e conhecia o sofrimento...

Quem sabe?... talvez fosse por conhecer esse sofrimento que a figa da meretriz se conservou impassível...

Sempre o mistério!

3

19 de janeiro de 1909

Foi exatamente nos dias de agitação da última semana, em que a polícia militar efetuava com desassombro o *sport* da macabra caça ao homem,[6] pelas nossas praças e avenidas, que um telegrama da França civilizada veio consolar-me um pouco de certas ideias que ao meu patriotismo melin-

---

6 Júlia Lopes de Almeida se refere aos violentos conflitos ocorridos nos dias 12 e 15 de janeiro de 1909, em várias ruas do centro do Rio de Janeiro (RJ), entre a polícia e populares que protestavam contra o aumento da passagem dos bondes e a supressão de alguns pontos de parada. Os conflitos resultaram em quatro mortes, muitas prisões e destruição de bondes e carros da Light. (N.E.)

drado sugeriam essas correrias assassinas e desenfreadas.

Antes que a pena se me escorregue para o assunto estrangeiro, deixem-me refletir um pouco sobre os fatos caseiros que nos interessam.

Qual será o meio de civilizar o nosso policial fardado, e de lhe transformar os ímpetos nativos em ações de prudência e de respeito alheio e próprio? Por que processos conseguiu a Inglaterra aquela sua polícia modelar, que infunde a nacionais e estrangeiros, quer estes vivam na sua capital a vida inteira, quer lhe atravessem em um dia apenas as suas ruas tumultuosas, uma tamanha confiança na justiça das autoridades e na ordem da sociedade?

Em que mão estará fechado o segredo da nossa tranquilidade de cidadãos?

Tudo isso tem resposta imediata: a educação do povo, de que saiu o soldado analfabeto; o espírito de ordem nos superiores, que não é apanágio de raça e se adquire pelo domínio da razão e da boa disciplina; o respeito à lei, o amor da humanidade, e a imitação dos meios que aperfeiçoaram classes idênticas em outros países mais cultos.

Nós temos entre nós a prova de que o povo respeita e obedece mais facilmente a quem procura convencê-lo do que a quem procura ameaçá-lo. A polícia civil criou já um prestígio que vale por uma dedução. Não será talvez difícil achar-se a razão da sua superioridade, para fazê-la imitada pela outra, a não ser que esta outra desapareça.

Porque, em boa verdade, não sei para que uma cidade de trabalho, uma cidade ordeira, precise de polícia armada de carabinas e de lanças – ofensivas mesmo quando não estejam em atitude de agressão. Mas, enfim, isto será talvez mal entender as coisas e não insistirei nesta passagem para fazer outras perguntas:

– Haverá escolas nos nossos quartéis?

– Os soldados que sejam analfabetos antes de engajados conservar-se-ão analfabetos depois?

– Nessas escolas, a par do Bê-á-bá, da tabuada, dos exercícios de caligrafia, haverá preleções sobre moral, sobre higiene, noções de geografia, narrações de feitos históricos e altruísticos, desdobramento de ideias que aperfeiçoem os espíritos e deem aos homens mais simples uma noção ampla da justiça, do respeito individual e da vida?

– Teremos o direito de exigir que um descendente de qualquer tribo indígena, nunca esclarecido pela luz dos livros, tenha a correção e os sentimentos dos homens educados?

– Procurará o governo polir no quartel, que tantos bens sacrifica, a rudeza nativa desses homens destinados a manter a ordem e o respeito nas ruas de uma capital grande e complexa como é a nossa?

– Poderemos ficar tranquilos, sentindo a nossa vida e a nossa propriedade garantidas por indivíduos mais instintivos que conscientes?

Quem me responderá?

O tempo e com urgência; porque é impossível que não se trate quanto antes de corrigir erros que nos aviltam e nos conservam em contínuo sobressalto.

Não podemos viver em uma cidade como quem vive em uma floresta, ao acaso do encontro de animais ferozes. A polícia parece-me que não foi inventada para punir sumariamente arruaceiros e desordeiros, mas para evitar que eles cometam depredações e assaltos, e não ser mantida pelo povo pacífico para que ela o baleie e o alanceie nas suas crises de arrebatamento. O organismo da polícia não pode ser só constituído pela força física, mas também pela força moral, que dá prestígio, que mantém a calma na cólera, e a serenidade diante das provocações.

Certas qualidades, como a prudência e essa mesma serenidade de ânimo aludida, raramente são naturais nos indivíduos, mas obtidas pelo esforço próprio ou pelo ensinamento e a boa disciplina.

Elas devem fazer parte importante do programa dos quartéis policiais, visto que a civilização das cidades se mede pela polícia que elas têm.

Na nossa, entretanto, dá-se um fenômeno singular: quando há desordens, arruaças ou revoltas populares, nunca os homens pacíficos, que as necessidades da vida obrigam a sair à rua, temem os arruaceiros ou os revoltosos, mas sim a polícia! É a polícia, justamente encarregada e paga por eles para os defender, que lhes mete medo. E não se diga que esse temor é pueril, pois que ainda agora muita dessa gente pacífica tombou ferida pelas balas dos soldados enfurecidos. Em um dos últimos dias desta agitação, as autoridades preveniram os cidadãos para que não andassem pelas ruas da cidade depois das cinco horas da tarde, pois que elas iam "agir com energia".

Como? Mas, se esta é uma cidade de trabalho, não é uma vila balneária ou de pura vilegiatura; há dezenas de milhares de cidadãos a quem a vida obriga a andar pelas ruas da cidade depois daquela hora, e enquanto não tivermos abundante e barata a viação aérea, assim terá de ser por muitos anos, e exatamente para nos garantir contra os desordeiros e malfeitores a qualquer hora do dia ou da noite é que pagamos a polícia.

Como tolerar então que essa mesma polícia nos venha dizer que não podemos sair à rua a tais ou tais horas, sob pena de sermos vítimas da sua energia?

É indispensável que a nossa polícia se transforme, que a tenhamos como uma garantia e não como uma ameaça, que ela seja para nós uma defesa e não um perigo, um elemento de vida e não uma possibilidade de morte. É preciso que não sejamos obrigados a fugir *da* polícia, mas *para* a polícia, quando nos julgarmos em perigo.

Basta já que as turbas compostas de classes heterogêneas, as turbas movediças nos assustem e entristeçam de longe em longe com certas selvagerias inesperadas e vexatórias, como as relatadas na última semana, por um telegrama da linda França civilizada e que dizia assim:

> As quatro execuções capitais hoje efetuadas em Béthune serviram de pretexto a uma espécie de festa popular. Das circunvizinhanças da cidade, chegaram imensos curiosos para assistir ao sensacional espetáculo. Os cafés e botequins estiveram abertos a noite inteira.
>
> O carrasco foi entusiasticamente aclamado pela multidão.
>
> Os condenados acreditaram até à última hora que seriam agraciados. As execuções duraram nove minutos. O primeiro condenado, Deroo, chegou ao estrado já meio morto de pavor, sendo necessário carregá-lo nos últimos momentos; Vromant e os dois irmãos Pollet[7] mostraram-se mais corajosos. Abel Pollet gritou, antes do empurrão do carrasco: "Abaixo os padres!"
>
> A cada nova execução redobravam freneticamente os aplausos dos espectadores.

---

7   Abel e Augusto Pollet, chefes de uma gangue responsável por inúmeras mortes, roubos e outros crimes no norte da França e na Bélgica. Também faziam parte da gangue Canu Vromant e Théophile Deroo. Os quatro foram mortos em 1909. (N.E.)

Felizmente são raras, mas há infelizmente horas na vida em que uma criatura humana, mesmo mediocremente boa, ou mediocremente educada, sente vergonha de ser gente. Que bárbara, horrível, e tenebrosa cena, essa narrada pelo telegrama de França!

4

2 de fevereiro de 1909

Lendo o belo folhetim de Coelho Neto, na *Notícia* de 28 de janeiro passado sobre a individualidade complexa de Paulo Barreto,[8] lembrei-me de uma conversa de poucos minutos, na qual, em termos muito menos brilhantes, mas igualmente sinceros, eu disse a esse escritor absolutamente o mesmo que o grande romancista brasileiro acaba de lhe afirmar na sua prosa diamantina.

Estávamos na casa Alves, eu assinava livros, encarrapitada no alto banco de uma escrivaninha comercial, Paulo Barreto interrompera a conversa com um dos chefes do

---

8   Ou João do Rio, pseudônimo de Paulo Barreto. (N.E.)

estabelecimento para vir cumprimentar-me. Foi a propósito de uma das suas crônicas, publicada dias antes não sei em que jornal, e em que ele descrevia as antecâmaras dos nossos consultórios médicos, de um modo em que a ironia, a graça, maleabilidade do seu estilo moderno em nada prejudicava a psicologia perfeita dos indivíduos que nos apresentava; foi a propósito dessa página ligeira, escrita sobre o joelho, mas em que se sentia uma observação segura e bem dirigida, que lhe externei as esperanças que tinha e tenho de o ver empregar a sua atividade, o seu talento robusto, a graça do seu estilo cheio de fulgurações e de imprevistos, o seu conhecimento profundo da alma carioca, que ele tem sondado até ao âmago, em romances em que essa alma tome vulto definitivo e eterno.

– Sou jornalista e não penso em ser outra coisa – respondeu-me ele. – De resto, não tenho paciência para obras de meditação demorada.

Pouco importa que ele hoje diga isso, pensei eu, visto que as suas faculdades o levarão fatalmente a escrever um dia na condensação de um livro uno a história do nosso sentimento, a agitação dos nossos nervos, o clamor das nossas ideias. Só pode ser romancista perfeito o homem que, a par do talento e da susceptibilidade vibrátil, se tenha sentido em contato com todos os seres de que se compõe a sociedade em que ele coloque as suas personagens, e de cujo ambiente impregne as suas páginas. Esse conheci-

54

mento Paulo Barreto tem-no adquirido com as suas peregrinações, os seus inquéritos, os seus estudos a *crayon*, preparadores das grandes telas coloridas que hão de vir.

Acabo justamente de receber dois livros de Paulo Barreto: *O momento literário*[9] – que ainda não folheei – e *A alma encantadora das ruas* – em que estou a mais de meio, deleitada pelas suas páginas impressionistas, movimentadas, ora trespassadas de ironia, ora pontuando ridículos, ora bafejadas por uma lufada de ideal e de poesia.

A rua é a melhor escola que pode ter um escritor de observação. Ela foi a primeira e melhor mestra de Carlos Dickens, romancista inglês, que saiu do repórter como um fruto sai da flor. Os tipos de encontro casual, por que passavam lojistas, policiais, solteironas, mendigos, cocheiros, os próprios animais e até mesmo os muros dos edifícios com os seus cartazes policromos ou com a sua nudez, serviram de tema e inspiração a esse espírito curioso, que à mordacidade de certos conceitos humorísticos com que descarna e caustica os ridículos sociais, sabe aplicar bálsamos e perdões refrigerantes, que as aliviam num sopro leve, de transição.

---

9   Encontra-se neste livro uma crônica de João do Rio que compõe a obra *O momento literário*, na qual o autor faz uma entrevista com Júlia Lopes de Almeida e Filinto de Almeida. Ver Apêndice, p. 367. (N.E.)

Ninguém desdenhe das descrições dos aspectos materiais.

Um ângulo de parede, uma torre de igreja, a amurada de uma ponte, o varal de uma carroça erguido para os ares sugerem muitas vezes ideias e pensamentos de mais pura filosofia do que todos os sofismas imagináveis.

A reputação formidável, universal do romancista inglês teve por base o seu livro – *Sketches by Boz* –, em que reproduzia através da sua apreciação original a fisionomia das pessoas e das coisas por que passava.

A alma encantadora das ruas espelha cristalinamente a nossa sociedade; não é um livro efêmero, de estação, feito para ser lido com um sorriso e esquecido logo após outra leitura. É um livro que na asa ligeira da sua fantasia, que passa flanando pelas calçadas, leva impressas muitas cismas que enternecem e muitas cenas que ficam...

***

O conde de Monsaraz manda-me de Lisboa o seu último livro de versos – *Musa alentejana* – recendendo a rosas bravas e alecrim, como um verdadeiro ramalhete de primavera.

Dialogando, na sua quinta, com as roseiras plantadas no mesmo ano do seu nascimento e presumindo que elas se riam agora dos seus cabelos brancos, elas, cujas

56

flores têm sempre o mesmo brilho, e o mesmo perfume, ele lhes diz:

Pois façam troça à vontade
De eu ser diverso do que era,
Roseiras da minha idade!
Que a seiva da primavera,
Sangue rubro aos borbotões
Ficai sabendo, vaidosas,
Se à vossa vida dá rosas,
À minha dá ilusões.

O que nos consola é que, poetas ou não, todos nós somos roseiras, de pior ou melhor qualidade. Em uns, mal se desfolha uma ilusão, eis que outra desabrocha mais luminosa e inebriante; enquanto que em outros nascem raras flores mirradas, de longe em longe... A diferença está em que, no comum das pessoas, as ilusões desfolhadas se perdem inodoramente pelo pó dos caminhos andados, enquanto que as ilusões dos poetas se cristalizam na forma maravilhosa dos versos. Felizes das roseiras velhas que ainda têm seiva para flores, e dos homens cansados que ainda têm a faculdade da ilusão!

***

É também passado no Alentejo o novo romance – *Trabalho bendito* – de d. Virgínia de Castro e Almeida.

É um livro forte, esse, de uma linda concepção e que eu recomendo sem hesitação às minhas leitoras. Há nele uma moral superior, que nos induz a encarar as rudezas e os grandes problemas da vida, com resolução e serenidade.

***

Aproveitando uma impressão recente, salto neste fim de crônica dos assuntos literários para um assunto municipal. O disparate não deixa de arrepiar um pouco a minha pena, mas que ela tenha paciência e vá andando assim mesmo. É o caso que, tendo eu de fazer no mesmo dia duas visitas, uma na rua Francisco Muratori, à Lapa, outra na rua Benjamin Constant, ruas sossegadas – lá vem um –, de onde não transitam bondes, e não há correrias de moleques, porque são bem habitadas, sofri em ambas por tal modo o calor do sol, que temi cair na calçada com um ataque de insolação. Foi nessa angustiosa perspectiva que perguntei a mim mesma:

– Qual será a razão por que a Prefeitura não arboriza estas ruas, tão necessitadas de sombra?!

Confesso que muitas vezes consigo responder às perguntas que a mim mesma faço, desta vez, porém, a minha imaginação manteve-se insatisfeita.

Entretanto, as acácias crescem tão depressa e são tão bonitas!

Júlia Lopes de Almeida, *Fon-Fon!*, 1912, n. 40, p. 37. Acervo da Fundação Biblioteca Nacional.

5
ARTISTAS ILUSTRES

22 de junho de 1909

Mais dois ou três dias de espera e teremos a ventura de ver no palco brasileiro mais uma celebridade dramática da ilustre França.

As velhas tábuas do Lyrico, já pisadas por Sarah Bernhardt, Emmanuel Rossi, Coquelin, Duse, Réjane, Féraudy e Suzanne Desprès, não se sentirão agora menos orgulhosas sob o peso de mr. Le Bargy, o impecável ator, societário da Comédie-Française,[10] que pela perfeição e

---

10 A Comédie-Française é considerada a companhia teatral mais antiga do mundo. Trata-se de uma companhia permanente de atores, fundada em 1680, junto à criação do teatro estatal da França, o Comédie-Française,

pela perspicuidade da sua arte, o poder do seu talento, o ardor do seu entusiasmo e a alta elegância da sua pessoa aristocrática, seduzirá a plateia carioca, como já de há muito seduziu as do seu e de outros países.

Desde *Les Femmes Savantes*, em que se estreou, no papel de Clitandre, em 1880, a sua carreira parece que não tem sido outra coisa senão uma brilhante e ininterrompida cadeia de triunfos, coroados pelo aplauso de todo o público francês, pela sociedade na ilustre casa oficial do Theatro de França e por uma cadeira no Conservatório de Paris.

Duas qualidades importantíssimas na profissão do ator distinguem, além do talento e da experiência, a personalidade artística de Le Bargy. É que, segundo afirmam várias pessoas competentes, é talvez ele o ator que melhormente fala a língua francesa; dizem-me que a sua pronúncia é perfeita e modelar. Esta a primeira qualidade, que deve ser grandíssima para ter sido notada em uma casa onde se fala o melhor francês do mundo, e onde artistas de alto valor, como foi Frédérick Lemaître, não têm entrada, somente por se não terem podido corrigir de certos defeitos de pronúncia.

---

ou Théâtre-Français, ou La Maison de Molière [A Casa de Molière]. O grupo faz turnês internacionais desde 1869. (N.E.)

A segunda qualidade, também importante para um artista dramático moderno, é o apuro do vestuário, a elegância suprema do que em todo o mundo se convencionou chamar, em francês, a *toilette*.[11] É Le Bargy em França o árbitro de todas as elegâncias masculinas, e o seu guarda-roupa é discutido como o do velho rei Eduardo da Inglaterra. Já ouvi dizer que, se Le Bargy tivesse a fantasia de usar cabeleira branca encaracolada e calções de cetim, ver-se-ia de um dia para o outro imitado por toda Paris... e por todo mundo!

O nosso *smartismo* incipiente e, como tal, exagerado vai ter finalmente para se guiar um dos melhores e mais perfeitos modelos.

Com Le Bargy e depois dele vêm Silvain, Gabrielle Dorziat, Sylvie – a adorável Sylvie que nos deliciou em meia dúzia de ingênuas perfeitíssimas –, os dois Albert Lambert, pai e filho, mme. Silvain e ainda outros artistas da Comédie-Française. É coisa sabida, mas que entre nós não perde por ser confirmada, que em nenhum teatro da França – o que vale por dizer do mundo – se representa, em conjunto, como na Comédie. A estabilidade da com-

---

11   Em francês, "higiene pessoal", "arranjar-se", ou "traje", "vestuário". O Dicionário da Academia Francesa, em 1762, definia: "Dizemos 'ver uma senhora na sua toilette' ou 'conversar durante a sua *toilette*' para nos referirmos a vê-la ou conversar com ela enquanto se arranja." (N.E.)

panhia, a segurança absoluta do futuro dos artistas, a indispensabilidade da dignidade pessoal, a disciplina inteligente, o prestígio tradicional da casa, a admiração e o respeito do mundo inteiro que a cercam, a excelência da seleção no repertório, a superioridade da direção suprema do estabelecimento, sempre confiada a homens de letras de alta cultura e de provada capacidade e autoridade – se porventura podem imprimir a certos respeitos um cunho de oficialismo à Casa de Molière, é absolutamente certo que conseguem dos artistas, todos educados, que lá entram, tudo que eles podem dar em trabalho, em talento, em capricho, em brio artístico. E é por isso que, por mais que a gente de cultura e de gosto veja grandes artistas no mundo, incluindo os de Paris, representarem as mais belas peças, só muito raramente conseguirá ver espetáculos tão completos em todas as minúcias e tão superiormente perfeitos como os da Comédie-Française.

Já lá vão uns quinze anos depois que eu vi pela primeira vez este mesmo ator Le Bargy, brilhando intensamente, entre um dos mais notáveis núcleos de artistas que tem tido a Comédie – o velho e glorioso mestre Got, Worms, Coquelin, Cadet, Féraudy, Leloir, Pauline Granger, Marthe Brandès –, então no esplendor da mocidade e da elegância, e outros artistas, que davam aos *Cabotins*, de Pailleron, a mais brilhante e perfeita unidade que me tem sido dado admirar em teatro. E depois de se ter assistido a alguns espetáculos na Comédie, é realmente difícil suportar algumas companhias dramáticas que a crítica nos inculca como de primeira ordem – salvo quando à frente delas vem um artista como a Sarah, como a Duse, como a Réjane, como a Desprès –, para só falar das que o nosso público já conhece.

Foi por ter feito, *in mente*, estas rápidas considerações, que sobremaneira me alegrou a vinda de um grupo de artistas – e dos melhores da Comédie-Française. E considerei ao mesmo tempo que, na falta de escolas presentes e na quase impossibilidade de escola futura, por não haver, que eu saiba, no nosso país pessoa que reúna todas as qualidades de competência e de energia para dirigir um estabelecimento de ensino dramático que aproveite ao anárquico e disparatado elenco dos nossos artistas existentes – muito aproveitariam os nossos atores e as nossas atrizes se fossem assiduamente observar o que fazem, o que conseguem no teatro os artistas franceses, mas observar com o ânimo disposto a aprender, a comparar, a penetrar fundo na simplicidade dos processos, na sobriedade que está sempre em primeiro plano e refreia por um equilíbrio próprio, o exagero, o desmancho dos entusiasmos fáceis – aliás, tão gratos às plateias pouco educadas, ou muito mal-educadas – por artistas inferiores, que a *réclame* e a

64

desorientação da crítica muitas vezes logram impingir por gênios e prodígios.

***

A *season* teatral vai, enfim, ser este ano no Rio de Janeiro como nunca foi em época alguma.

No Lyrico, Le Bargy, Albert Lambert, Silvain, Dorziat, Sylvie, Madeleine Taillade – que também nos deixou boas recordações, assim como o excelente Henri Burguet, admirável na *Rafale*; e ainda, no Municipal, Réjane, Blanche Toutain, Signoret – o extraordinário cômico –, Monteux e toda a magnífica *troupe* do Theatro Réjane. *Excusez du peu!*[12]

Só o nome de Réjane, essa adorável Réjane em quem se condensam todas as graças femininas e parisienses, soa por todos os lados como se de cada uma das suas sílabas pendessem guizos de ouro e de cristal. Ela aí volta com o seu *frou-frou* de saias elegantes, os seus aromas capitosos, o seu sorriso, em que o ar da malícia não prejudica o de uma intelectualidade superior.

Ninguém a esqueceu; e pode assegurar-se que, com o desejo de tornar a vê-la, já toda a gente sente as mãos

---

12   Em francês, "desculpe!". (N.E.)

dispostas para a redonda salva de palmas com que lhe daremos as boas-vindas no instante em que ela aparecer no palco do nosso suntuoso Municipal.

Todo o edifício vibrará longamente à repercussão desse aplauso espontâneo, tão grande como a impressão de encantamento que a sua passagem radiosa deixou no nosso Theatro Lyrico.

***

Como *hors d'oeuvre*[13] destes finos manjares do espírito, temos tido nesta estação encantadoras peças do gênero ligeiro, em línguas mais ou menos guturais, para nós pouco compreensíveis e que, todavia, têm regozijado a nossa cidade macambuzia e burguesa. Mas, para fazê-la rir, no riso sadio e bom, no riso cada vez mais raro, o verdadeiro riso desinfetador das almas empoeiradas e sujas da cidade, virá o nosso querido e velho amigo Valle, e virá com ele a grande cômica Jesuína Marques, figura eminente nesse gênero de arte caricatural, tão raramente procurado pelas mulheres de qualquer país.

E entre o riso das farsas, o assombro das tragédias ou o ceticismo das comédias-dramas, o nosso inverno deslizará deliciosamente.

---

13   Em francês, "aperitivos". (N.E.)

Mal descer o pano de um teatro, já o público voltará olhos curiosos para outro. Poderemos, enfim, comparar atores e autores simultaneamente.

No fim de tudo, porém, à hora em que as cigarras começarem nos rubros ramalhões dos flamboyants o seu canto estrídulo e anunciador do verão, e as companhias estrangeiras estiverem sobre as águas inquietas a caminho dos pátrios lares, ao recapitularmos tudo o que vimos na série tumultuosa e deslumbrante de espetáculos vistos, reconheceremos que ao artista Ferreira da Silva, que já há algumas semanas trabalha entre nós ao lado de Christiano de Souza, artista distintíssimo e justamente considerado pelas suas qualidades bem acentuadas e bem dirigidas, cabem grande parte dos melhores aplausos que tivermos conferido.

Ferreira da Silva é inquestionavelmente um artista feito, um artista instruído e fino, cujo nome voaria da simpatia dos *boulevards* por todas as capitais do mundo, se ele fosse francês. Vi-o uma noite destas no *Azêbre*, interessante peça de Henrique Lopes de Mendonça, e a impressão que nesse papel de violinista boêmio me deu o artista português foi a da mais completa perfeição na arte de representar. Ninguém é mais do que ele, simples, natural e moderno, nem melhor do que ele compõe um caráter dramático, com feição própria, original, criadora, estudando-o na sua mais recôndita psicologia, e reproduzindo-o na cena, inteiriço e completo, com o máximo de relevo e de expressão.

É uma delícia ver representar assim na nossa língua, nesta língua forte, eloquente, expressiva, que, mais do que outra qualquer, fornece ao artista dramático uma imensa variedade de tons, de expressões próprias, de inexaurível pitoresco, e da qual, ai de nós, tão pouco e tão mal se sabe servir a maior parte dos artistas de teatro – cuja arte consiste principalmente em *falar*.

E baste, por hoje – que o meu entusiasmo pelo teatro, se eu lhe soltasse as rédeas, seria capaz de dar comigo nas alturas... da terceira coluna.

6

13 de julho de 1909

É preciso que um dramaturgo tenha um talento extraordinário, uma técnica poderosa, para, fazendo um drama de ação quase nula, empolgar a plateia, como Marcelino de Mesquita a empolga nessa sua peça *Envelhecer*, agora em cena no nosso pobre Carlos Gomes.[14]

E digo pobre, muito propositadamente, porque nunca um teatro me pareceu menos digno de hospedar atores do merecimento que têm Brazão e Ferreira da Silva, do

---

14 Referência ao Teatro Carlos Gomes, situado na praça Tiradentes, no centro do Rio de Janeiro. (N.E.)

que me tem parecido o Carlos Gomes nas noites em que esses atores representam. No *Envelhecer*, de Marcelino de Mesquita, o mais forte dentre todos os escritores dramáticos modernos da nossa língua, eu tive positivamente a impressão de que os artistas que tão brilhante e dignamente interpretavam os principais papéis estavam deslocados naquele meio acanhado, barulhento e sem nenhuma distinção. Pois não é fácil verem-se reunidos no mesmo palco, fazendo parte da mesma companhia, atores que possam, com tanta arte, tanta naturalidade e tanta linha, interpretar papéis como Eduardo Brazão e Ferreira da Silva o fazem nesse belo drama de tão delicada trama e tão ousada linguagem, ousadia que o público de resto aceita sem o mais leve estremecimento, dominado pelo poder da expressão própria e pelo talento que da peça dimana.

Bastaria neste momento de fácil comparação, para ter a prova do alto merecimento dos artistas portugueses a que estou aludindo, observar que, vistas num palco acanhado, num teatro barulhento, feio, e logo numa noite imediata àquela em que vimos no Theatro Lyrico, num meio elegante e respeitoso, um dos mais famosos e mais considerados artistas da França – o que equivale a dizer do mundo –, a impressão que eles nos causam não é em nada, mas mesmo em nada, inferior à causada pelo ator francês.

Não seria justo que, aludindo à representação do *Envelhecer*, eu não batesse palmas a Maria Falcão, atriz brilhante e cujos progressos estão bem confirmados nesse original e delicioso papel de Luiza, em que ela vibra de paixão e tem minúcias de psicologia e de afetos cênicos.

E é esse teatro, quando se não fala em política, do que mais se fala neste inverno sem frio.

Amanhã a inauguração do Municipal, o grande acontecimento da estação, e logo no dia seguinte a estreia da sedutora Réjane, e tão sedutora que nem sei se há por aí mais ansiedade de ver por dentro, rutilando na larga onda de luz, o nosso Theatro, do que a de revê-la a ela...

Mas na estreia do Municipal a grande comoção, o misterioso tremor que empalidece a face e ilumina os olhares, é o que sentirá o dr. Oliveira Passos, na hora em que o orgulho se confunde com a angústia: a da prova decisiva e do supremo julgamento do público...

Escancaradas as portas, acesos os lustres, o coração lhe baterá no peito, à espera do povo, como um coração moço, inexperiente, apaixonado, ao aproximar-se o minuto da sua primeira entrevista de amor...

E daí, tal certeza tenha ele do triunfo, que o caso não seja assim!

A transição do assunto do teatro para o da escola não é difícil, tanto mais que o teatro é com toda a razão considerado como tal.

Nesta enevoada manhã de segunda-feira, em que rabisco estas linhas, sinto um doce alvoroço no peito, como que um prenúncio de felicidade futura.

Como não se trata de um caso insignificante nem pessoal, mas de interesse geral, apresso-me em dizer que ele provém da resolução tomada por meia dúzia de srs. intendentes para a verificação do estado das nossas escolas públicas e elementares nas zonas mais afastadas do Distrito Federal.

Esse trabalho, feito por iniciativa do dr. Fonseca Telles, a quem apresento as minhas sinceras congratulações, trará um enorme proveito à população da nossa enorme cidade, tão carecida de instrução.

Já nesta primeira visita, em que sem menor aviso, verdadeiramente de supetão, entraram em perto de dez escolas, disseminadas pelos subúrbios, em pontos afastadíssimos umas das outras, puderam observar coisas monstruosas e que urge remediar o mais depressa que for possível! Não há nada como ver, como sentir, como ter das coisas uma visão direta, para as compreender bem. Informações, por mais calor de sinceridade que tragam, não bastam para fazer agir com boa vontade e pressa. Do que observaram, coligiram esses abençoados srs. intendentes que há centenas e centenas de crianças querendo aprender, desejando ardentemente estudar, e que não encontram ao alcance dos seus passos uma só escola!

Em compensação, há escolas onde não há mestras, isto é, em que a professora não pode sozinha ensinar a oitenta e mais meninas de frequência diária, e tem de despedir da porta, com um gesto de mágoa, de remorso, de profundo sentimento, os pobres pais que lhe suplicam de mãos postas que lhes matriculem as filhas nos seus colégios, porque em casa eles não têm nem tempo nem sabedoria para ensinar as pequenas, que se vão criando como batatas num terreno sem cultura...

Como é materialmente impossível poder uma senhora dar oitenta ou mais lições diariamente dentro do curto espaço de umas seis horas, a pobre mestra tapa os ouvidos com ambas as mãos a tais lamúrias e manda pôr trancas nas portas, que desejaria e deveria ter abertas de par em par!

Em vão essas senhoras esforçadas e exaustas clamam por adjuntas.

Não lhas dão. Compreende-se que haja pouco quem se sujeite a ir servir em escolas muito afastadas do centro da cidade, o que obrigaria a grande dispêndio de tempo e de dinheiro a moças a quem de ordinariamente falta uma e outra coisa, a não ser que lhes aumentassem os ordenados proporcionalmente ao sacrifício e às despesas exigidas por essa longitude, o que não seria injustiça nenhuma.

Indagando, correndo na velocidade dos automóveis, de escola em escola, parece que os senhores da Intendência e da imprensa verificaram com alguma surpresa que para uma delas não havia... caminho! Uma das pessoas da comitiva, mais habituada a afrontar as agruras e os imprevistos das estradas, tentou ainda fazer a pé o percurso que seria impossível fazer de automóvel. Pois nem assim. O lugar era verdadeiramente intransitável. A professora daquela escola sequestrada deve naturalmente ser servida pelos passarinhos, que lhe levam pelo ar os gêneros que os caixeiros das vendas não lhe podem levar nas mãos à sua porta!

Parece que os srs. intendentes verificaram ainda mais isto: que num perímetro de dez léguas não há uma só escola pública!

Assim, onde há caminhos não há escolas, e onde há escolas, ou não há professoras ou não há caminhos; e quando há caminhos e professoras, não há livros nem papel!

Desta falta queixaram-se algumas mestras, cujos recursos não chegam para proverem as suas aulas dos materiais necessários ao ensino...

Por tudo isto, vê-se que era realmente tempo de se fazer esta inspeção, em boa hora iniciada no último sábado.

E para ela houve tão boa vontade, que para levá-la a efeito se reuniram partidários de duas facções políticas opostas, na certeza de que da unidade do seu esforço e da sua cooperação dependerá o bom êxito do seu nobre e patriótico empreendimento.

Ainda bem. E ainda bem e ainda bem!

20 de julho de 1909

Para que este inverno seja delicioso só nos falta... o frio! Acabo de fazer um lindo passeio matinal e chego à casa fatigada e afogueada. Não era esta a temperatura que o último verão tão extremado nos anunciou. Mas se os dias não nos arrepiam a pele, nem nos fazem apetecer lãs pesadas e pelúcias macias, são, em compensação, muito lindos e com uns poentes pincelados desordenadamente, doidamente, de tons fortes, como nas tintas do mais ardente estio. As manhãs, rasgadas as suas neblinas opacas, têm uma doçura incomparável, uma doçura de olhar de menina ingênua. A manhã deste sábado então esteve maravilhosa, e tão maravilhosa, que não resisti à tentação de ir apreciá-la na plena e vasta planura da nossa fascinadora Guanabara.

Já sabem: esta nossa baía obriga-me à abundância da adjetivação. É fatal; é aludir a ela e desencadear-se-me em tumulto um infinito número de vocábulos que tenho por costume trazer encadeados, como animais perigosos.

Haverá muito por aí quem vá a Niterói, por passeio, entre as sete e as oito horas da manhã?

Talvez não. Em matéria de divertimento, esse poderá parecer à nossa sociedade um tanto extravagante...

Pois vale a pena. Os efeitos da luz que de instante a instante aumenta de intensidade, desnudando montanhas de que fugimos ou a que nos aproximamos, esgarçando névoas, pondo barras de ouro pálido em areais de praias e envolvendo os vultos negros de embarcações de todo o gênero em um nimbo diáfano que os desmaterializa, bastariam já para entreter os olhos e a imaginação dos viajantes, se ainda na cidade fronteira não houvesse motivos muito dignos da nossa curiosidade.

Tinham-me falado de uma avenida nova na capital fluminense, de trinta e três metros de largo por três mil cento e quarenta metros de extensão, e, sabendo que essa alameda era percorrida de extremidade a extremidade pelos excelentes bondes elétricos de Niterói, não hesitei em ir vê-la. É mais do que uma promessa, pois que está em parte realizada: alinhada, nivelada e com os trilhos em linha dupla assentes. Mas o seu aspecto é ainda o de uma estrada, no centro da qual abrem um canal, atravessado aqui e além por pontezinhas elegantes e margeado por uma tira de gramado que só existe no plano e de filas de magnólias que ainda não se plantaram.

Parece absurdo dizer-se que no país das florestas, de lindíssimas árvores nativas, nós recorramos quase sempre aos mesmos espécimes, quando tratamos de arborizar uma rua! Que esperam as municipalidades, a quem a variedade de aspectos e a beleza dos locais públicos interessam, que não estudam essa questão e não animam os horticultores a auxiliá-las com novas experiências de adaptações ou culturas? Temos uma variedade riquíssima de palmeiras. Só se plantam as imperiais. Por quê?

Dizia-me alguém, recentemente chegado de São Paulo, onde não vou há anos, que a arborização dessa cidade é hoje variadíssima. Cada alameda tem uma plantação especial, de tal modo que poderiam ser denominadas pelo nome das árvores que as caracterizam, tais como: alameda das Magnólias, alameda das Cássias, etc. Já eu deste lugar requisitei o nome de alameda das Cássias ou das Murtas para a estrada em que moro, mas ninguém me ouviu.

Passemos adiante; ou antes, voltemos para trás, ao meu passeio desta manhã, meio bucólico, meio industrial! O bucolismo encontrei-o no velho parque abandonado que circunda a caixa d'água do Fonseca, no extremo da avenida. O chão estava ainda orvalhado e a sombra larga das mangueiras – que mangueiras formosas! –, e de outras árvores de pomar e de ornamentação, punham ainda borrões de treva, trechos de noite, na imensa tela luminosíssima da manhã. Um magro burro branco roía filosoficamente as ervas frescas daquelas paragens silenciosas, no doce sossego de quem se sente cada vez menos necessário no mundo. Não fosse a eletricidade – que transformou a tração animada em tração... mais animada ainda, porque, afinal, eletricidade é alma, é vida, é fogo –, ele, o mísero, estaria ainda puxando bondes ou carroções de carnes verdes do matadouro para a cidade... Em Niterói até os bois mortos viajam em carros elétricos; ao menos têm essa compensação à atrocidade do seu destino. De volta à cidade, tive curiosidade de entrar nas usinas dos bondes, galpões enormes onde me perdi num dédalo de oficinas, de máquinas, de estradas movediças, de poços em que a água do mar gorgolejava furiosamente, ou de forjas e fornos de fundição. Estaria eu realmente na pacata cidade vizinha, outrora tão embiocada na sua mantilha feia de barata, ou no St. Pancras[15] de Londres?

---

15 Antigo bairro localizado na região central de Londres. (N.E.)

Não era tudo: o meu relógio consentiu que eu tivesse tempo de ir dali ao estaleiro, onde, entre rumas colossais de madeiras e ferragens de vários feitios, formigava uma população de trabalhadores. A irradiação de trabalho dessas empresas industriais é um verdadeiro poema de consolação! Uma barrica de piche ou de graxa pode, como um canteiro de violetas, sugerir ideias sublimes... isso pensei eu hoje, vendo a azáfama de tantos trabalhadores nas oficinas da Cantareira.[16] Para que nada faltasse à satisfação da minha curiosidade, a barca que encontrei na ponte, querendo voltar à casa, foi a Martim Afonso, feita pela Cantareira, com madeiras nacionais e por artífices nacionais também. O mundo marcha. Niterói caminha.

E com tão fáceis meios de locomoção, não será de estranhar que as suas famílias venham engrossar a onda, por ora ainda baixa, dos frequentadores das quintas-feiras do maestro Elpídio Pereira, no salão dos Empregados no Comércio, da avenida Central.[17] Tenho ainda nos ouvidos um *adagio* de sonata de Beethoven, o meu adorado Beethoven, tão cheio de pensamento e de comoção

---

16 Antigos estaleiro e estação das barcas da Companhia Cantareira, responsável na época pelos serviços de transporte de passageiros entre Rio de Janeiro e Niterói. (N.E.)

17 Atualmente, avenida Rio Branco. (N.E.)

profunda, executado por violino e violoncelo; e a voz de veludo, ardente e moça de Stella Parodi Magalhães, e os números compostos por Elpídio Pereira, maestro digno de toda a simpatia e de todo o acoroçoamento do nosso público. Além da parte musical, Bianca Pappacena[18] falou com extrema naturalidade e muita graça sobre o Amor nos cantos dialetais do povo italiano. E ouvir uma mulher de talento e assim formosa e moça é, para quem preza a palavra e a formosura, um verdadeiro regalo.

As sessões das quintas-feiras devem resumir a sua parte literária à recitação de uns versos, leitura de um canto ou outra qualquer coisa assim, fácil de dizer e de ouvir. Engasgada entre duas partes musicais, em poucos minutos, ninguém pode fazer uma conferência que desenvolva mais ou menos bem o seu assunto; e fazê-la grande prejudica a última parte musical, que, por muitos motivos, deve encerrar-se antes do acender das luzes...

---

18 Eminente cantora lírica italiana. No jornal *A Imprensa*, em 10 de julho de 1909, há uma notícia divulgando a Turnê Bianca Pappacena, na qual ela fez a 3ª Conferência sobre La festa di Piediglo, no salão do *Jornal do Commercio*. Segundo a notícia, "o assunto, uma festa tradicional napolitana, é atraentíssimo. E sobre a inteligência culta de mme. Pappacena, o público terá ainda ocasião de apreciar a sua graça encantadora, as cançonetas características que ela entremeará às suas palavras." (N.E.)

Essas festas são principalmente para as senhoras, e geralmente as senhoras não levam ainda a sua independência ao ponto de andarem sozinhas pelas ruas ao doce clarão... das lâmpadas elétricas ou dos bicos de gás. Depois, o trabalho dos escritores nessas festas deve ser equiparado ao dos músicos. Estes não queimam os miolos inventando motivos novos para as suas sessões... de dois mil-réis por cadeira; o artista da palavra por que há de dar contribuição mais penosa? De mais a mais, na boa arte não há nada velho. Um soneto de Camões, isolado, brilhará mais que a estrela Vênus no firmamento!

Profetizo que a próxima quinta-feira será um dia de triunfo para os executantes da sessão literário-musical de Elpídio Pereira. Lá nos encontraremos, leitoras!

***

Finalizo em uma carrancuda manhã de segunda-feira este artigo, começado e interrompido em um belo sábado de sol. A invasão turbulenta de algumas amigas na minha sala de trabalho suspendeu-me a pena do papel. Vinham ansiosas por me comunicarem as suas impressões sobre o Theatro Municipal; queriam ouvir a minha.

E a minha era, como a de todas, de satisfação completa.

Abençoado dinheiro o que se gastou naqueles mármores, naquelas pinturas, no ônix esmeraldino daqueles corrimões, nos bronzes e nos cristais daquelas lâmpadas e na execução do seu plano belíssimo.

A cidade está radiante; tem mais um título de glória para a admiração do estrangeiro e de orgulho para a satisfação própria.

Foi bem sincera, bem apaixonada, bem vibrante, a ovação feita ao dr. Oliveira Passos na noite inolvidável da entrega do Theatro à cidade.

O que na minha opinião não foi tão aplaudida quanto merece foi essa forte e moderníssima comédia *Le refuge*, de Dario Nicodemi. Essa obra, em que as personagens falam-se sem máscara, de alma nua, em um formidável debate de ideias e de sentimentos, acrescentaria a glória de P. Hervieux, o mais considerado dos autores dramáticos contemporâneos da França, se estivesse assinada pelo seu nome. Assombra pensar que essa obra de arte tão francesa e escrita em tão bom francês... seja de um italiano.

Dario Nicodemi dá-nos a honra da sua visita, e seria justo chamá-lo à cena do Municipal para o saudar com entusiasmo.

Theatro Municipal, praça Marechal Floriano, centro do Rio de Janeiro (RJ), 1911-1920. Acervo da Fundação Biblioteca Nacional.

8

23 de novembro de 1909

Quando às seis e meia da manhã de sábado abri a janela do meu quarto, já o sol beijava a terra com ardor de namorado e na mangueira próxima uma cigarra estrídula anunciava o calor.

Interroguei o espaço com um olhar de susto. Que seria de mim, nesse dia em que me veria obrigada por várias solicitações a ir à rua mais de uma vez? Poderia eu, mísera mortal, chegar à noite sã e salva, expondo-me desde manhã à afronta daquele sol? Não.

O melhor seria ficar em casa, à doce sombra das amadas telhas, ouvindo cantar a cigarra,

Dont le chant invite à clore les yeux,
Et qui, sous l'ardeur du soleil attique,
N'ayant chair ni sang, vis semblable aux
[Dieux[19]

segundo a expressão de Leconte de Lisle, e zumbir as abelhas nos ranúnculos multicores do jardim, ao mesmo tempo que, balouçando-me na minha *rocking chair*,[20] eu lesse os artigos dos jornais do dia, o que é, posso afirmá-lo, bem mais agradável do que fazê-los... Mas ante essa pacífica perspectiva levantou-se o espectro da minha modista, reclamando a minha presença no seu *atelier* essa manhã, às nove horas, para uma última prova! Sabe Deus e talvez também o diabo quanto as modistas são implacáveis e como nós, as mulheres, as tememos. Esta, se não me visse ali submissa à hora marcada pela sua deliberação, poder-se-ia vingar depois da minha

---

19 "Cuja canção nos convida a fechar os olhos,/ E quem, sob o calor do sol ático,/ Não tendo carne nem sangue, vive semelhante a/ Deuses." Trecho do poema "La Cigale" [A Cigarra], escrito pelo poeta parnasiano francês Charles-Marie-René Leconte de Lisle (1818-1894), mais conhecido por Leconte de Lisle, e cantado por Ernest Amédée Chausson (1855-1899). (N.E.)

20 Em inglês, "cadeira de balanço". (N.E.)

indolência, negando-me o vestido na hora exata em que eu dele carecesse.

Cantasse a cigarra, flamejasse o sol, eu iria dar as minhas voltas matinais, tornasse depois embora derretida para casa. E assim quis o destino, senhor autoritário e que não admite contraditas, que nessa manhã de fogo eu descesse à cidade! Desci e não voltei para casa derretida, mas com duas cestinhas de morangos e um potezinho de creme para o almoço.

O leitor é capaz de perguntar: "Mas que nos importa a nós saber tudo isso? Fale-nos no hino, na bandeira, na parada, nas crianças das escolas, nas discussões dos senhores deputados, na apuração das eleições para intendentes municipais, na inauguração da estátua de Barroso,[21] em mil coisas diferentes, menos nessas frivolidades sem importância."

Sem importância? Não. É sabido que muitas pequenas coisas somadas dão às vezes resultados estupefacientes! Esta, relatada, demonstra, unida às outras que se lhe seguem, o que uma filha dos trópicos pode despender de

---

21 Referência a uma estátua em homenagem a Francisco Manuel Barroso da Silva (1804-1882), o almirante Barroso, comandante da esquadra brasileira na Batalha do Riachuelo, durante a Guerra do Paraguai. (N.E.)

energia e como pode viver a vida intensa que vivem as europeias nos seus dias de primavera ou de inverno.

Que saiba o mundo quanto as brasileiras são ativas mesmo em dias inclementes em que o céu dardeja lumes sobre a sua cabeça e as pedras da calçada lhes calcinam as solas das botinas. Quando voltei, a cigarra tinha-se calado de cansada ou morrera arrebentada.

Não se ouvia nem um pio de ave, mas só o zunir dos elétricos na estrada, em um som áspero, agudo, de gênio irritado pela canícula. Pois acabados os moranguinhos e dadas umas voltas pela casa, eis-me de *toilette* transformada e descendo de novo da montanha à planície, à fornalha, ao desespero, à vida!

Os meus primeiros passos levaram-me a cumprimentar Carmen Dolores, a intrépida e brilhante colaboradora desta folha, a quem felizmente encontrei já convalescente, sentada ao lado das filhas no seu quarto do hospital de São Sebastião. Felicitada a escritora ilustre, que espero ver em breve reassumir o posto que tão valentemente e tão dignamente ocupa neste lugar, desci a rampa do jardim e consultei o relógio. Duas horas. Era exatamente o momento designado para a inauguração do Círculo de Belas Artes, no palácio Monroe.

Parti para o Monroe. A fundação do Círculo de Belas Artes veio reavivar-nos as saudades do extinto Centro

Artístico,[22] que tantos serviços prestou às artes e tinha, aliás, um programa mais vasto e mais complexo, a começar pelos jantares em comum de artistas de todos os ramos de arte com jornalistas, críticos e amadores, que, postos assim frequentemente em contato, radicavam amizades, acendravam estímulos, engendravam dedicações e de tal modo difundiam o gosto pelas artes, tão tíbio ainda e tão desorientado no nosso país. Por que acabou o Centro Artístico?

Nunca eu o soube, apesar de ter em casa quem dele fizesse parte. Acabou como tudo acaba, pela ação corrosiva do tempo, que destrói até as coisas mais úteis!

A exposição de arte no palácio Monroe, com a qual o novo Círculo inaugurou a sua bela campanha, e que aí está franca ao público, trouxe-me à lembrança a maravilha que foi a exposição de arte retrospectiva do antigo Centro, devida principalmente à prodigiosa atividade, ao comovente entusiasmo de Luiz de Castro. A exposição atual é mais restrita, mas interessantíssima, e os seus organizadores devem ser louvados pelo esforço com que conseguiram reunir um número considerável de bons

---

22 Associação criada em 1897, na capital federal, por um grupo de literatos, jornalistas e artistas com a intenção de renovar as artes nacionais, através da organização de exposições, recitais e concertos. (N.E.)

trabalhos, principalmente de pintura. Lá fomos encontrar algumas telas nossas conhecidas antigas, de que nos lembrávamos com saudades; outras também antigas, mas que não conhecíamos, e outras novas em folha, algumas das quais figuraram ainda na exposição oficial de setembro. É admirável como conseguiram, em um salão de luz tão desencontrada, colocar as telas em situação adequada, sem prejudicar nenhuma, e dando uma variedade encantadora de agrupamentos. O salão ficou por entre aquelas colunas brancas como um jardim de arte.

E tudo que lá está pode ser visto sem grandes sobressaltos para o gosto de cada visitante. Não citarei este ou aquele quadro, que m'o não permite a exiguidade do espaço de que disponho, pouco mais vasta que a da minha competência, mas não me resigno a esquecer uma novidade que lá, pela primeira vez, aparece e é a pintura a fresco do mestre Henrique Bernardelli. Pintura a fresco, a *tempera* e em quadro de cavalete. Bernardelli fez um reboco de muro sobre uma tela e pintou-lhe em cima um belo e arrogante mosqueteiro, a largas pinceladas, em um tom mais claro e mais simpático, talvez por mais leve, do que os seus retratos dos últimos anos. Além do mosqueteiro fez, pelo mesmo processo, uma admirável cabeça do seu irmão Rodolfo, cabeça de impressão que ficará sendo o mais intelectual dos retratos do grande escultor de Pedro Álvares e de Pero Vaz de Caminha.

Que o público visite largamente essa exposição e que compre algumas telas é o meu fervoroso apelo, não só pelos artistas que por aí vegetam sem estímulo de nenhuma espécie e que apesar disso não desanimam nunca, e também por ele, público, isto é, pela nossa sociedade, ainda tão aferrada ao *camelot*, à fancaria, à pacotilha da *arte* de comércio, que tantas vezes escandaliza e molesta por esses salões o nosso gosto.

Eu não me farto de repetir o que várias vezes tenho escrito nestas colunas acolhedoras: de tudo que a gente compra para adorno próprio ou da nossa casa só o que é obra de arte aumenta de valor com o tempo.

Sei de uma pessoa que há uns quinze anos comprou na Europa dois quadrinhos, de preço modesto, de um pintor que morrera havia pouco. Hoje esses dois quadrinhos valem algumas centenas de libras. Comprai uma joia esta manhã, ide vendê-la logo à tarde – dar-vos-ão metade do seu custo. E tudo mais é assim, exceto obras de arte. Meus leitores, não deixeis de visitar a exposição do palácio Monroe e esforçai-vos por levar para vossas casas a obra que nela mais vos agradar. Será de algum modo uma economia: uma pequena galeria pode vir a ser um bom patrimônio.

Advertiu-me o meu relógio que eram quase quatro horas e que, se eu não me apressasse, não encontraria bom lugar no salão em que Medeiros e Albuquerque discorreria sobre o ciúme e os ciumentos.

Não só pelo conferente, como pelo assunto, era de prever que o salão se enchesse. A previsão realizou-se. Belo auditório e bela conferência. A hora deslizou com uma rapidez de adestrado patim sobre plano liso e sem obstáculo. Apesar do calor e da sede que me mortificavam, achei a conferência curta e, arrastando duas amigas, atirei-me para a Cavé,[23] na ânsia do sorvete! Toda a gente tinha tido a mesma ânsia e sofri uns minutos tantálicos vendo, de goela seca, os outros deglutirem *punchs*[24] e refrescos! Quando, finalmente, entrei em minha casa, encontrei hóspedes inesperados para o jantar. Arranquei as luvas, abri os braços, sorri, circulei da sala à cozinha e às seis e meia fomos para a mesa, porque eu à noite tinha um concerto a que seria uma barbaridade faltar.

E às oito e meia eu entrava no salão do Instituto Nacional de Música, meio morta de cansaço e agitando o leque furiosamente... Era o primeiro concerto de música de câmara executado este ano nesse estabelecimento de

---

23 Casa Cavé, ou simplesmente Cavé, uma das mais tradicionais confeitarias do Rio de Janeiro, situada na rua Sete de Setembro, no centro da cidade. (N.E.)

24 Em inglês, "ponches". Bebida preparada com vinho, água e pedaços de frutas. (N.E.)

91

ensino, a que uma nova lufada de energia e de talento dá uma forte e animadora palpitação de vida.

O que foi esse concerto, infelizmente, não o poderá dizer muita gente, porque a ele assistiu um auditório diminuto; mas os poucos que tiveram essa fortuna, com que entusiasmo e com que ardor o aplaudiram! O programa, belíssimo e executado primorosamente, fez-nos esquecer cansaço e calor para nos manter em uma atmosfera de deleite, que só a boa arte sabe criar. Renovo os meus parabéns a Alberto Nepomuceno e chamo a atenção dos meus leitores para o concerto que sábado, no Theatro Municipal, dará a grande artista, essa admirável Paulina d'Ambrosio, que deve ser e é um verdadeiro ídolo na nossa sociedade.

Quando, nessa noite de sábado, me recolhi ao quarto, perguntei a mim mesma se a mais mundana e a mais ativa das parisienses, em contínua febre e em contínuo movimento, aguentaria sem desanimar um dia assim, sob tal temperatura. Imaginei que não, e adormeci, já sonhando com as harmonias do quarteto de Haydn em ré maior...

Palácio Monroe e o Obelisco, na confluência das avenidas Central (atual Rio Branco) e Beira-Mar, [19--], foto de Augusto Malta. Acervo da Fundação Biblioteca Nacional.

Confeitaria Cavé, *Fon-Fon!*, 11 dez. 1926, n. 50, p. 53. Acervo da Fundação Biblioteca Nacional.

9

3 de maio de 1910

A entrada do Rio de Janeiro por terra, isto é, para quem vem pela Central,[25] é de uma fealdade verdadeiramente inqualificável! Aquelas casinholas dos subúrbios, desproporcionadas no feitio e de cores variegadas e vistosas, gaiolas de grilos borradas a anil vivo e encimadas por platibandas furiosamente horripilantes, são de um

---

25 Referência à estação inicial da Estrada de Ferro Dom Pedro II (atual Supervia), posteriormente denominada Central do Brasil. Ela foi inaugurada com o objetivo de ligar o Rio de Janeiro aos estados de Minas Gerais e São Paulo. (N.E.)

efeito aterrador, principalmente para quem traz na retina, ainda viva e fresca, a visão das casas de São Paulo, já não digo os palácios, de que tanto se ufanam os paulistas, e em que talvez haja um pouco de excesso na fantasia da sua arquitetura; mas principalmente nas casas de residência particular, riscadas com habilidade por arquitetos de bom gosto e que dão às alamedas da cidade um aspecto novo e muito interessante. É bem possível que eu esteja dizendo uma heresia, preferindo o estilo paulista na arquitetura das habitações de menos opulência, por apreciar nos grandes edifícios linhas serenas, menos revoltosas e mais clássicas, mas, na verdade, o que principalmente me seduziu na capital do grande estado vizinho foi o estilo original, novo, misturado, das suas *cottages*...[26] cosmopolitas. Digo assim, porque não me parece que o estilo da arquitetura paulista tenha sido procurado no de outra qualquer nação; parece-me antes um produto da terra, criado pela influência de várias nacionalidades conjuntas e que transparecem nesta e naquela fachada, em um arco de janela, em um beiral estendido de telhado, ou na combinação das cores, vermelha dos tijolos com o reboco e a cal amarelada das paredes.

---

26 Em inglês, "casas de campo". (N.E.)

Há casas que em certas particularidades nos fazem lembrar as habitações campestres da Bélgica e da Holanda, ao mesmo tempo que acordam a lembrança das da Alemanha ou da Inglaterra. Resulta de tudo isso um tipo novo, que, se não dá suntuosidade à cidade, dá-lhe poesia e distinção. É talvez devido a essa circunstância que a mesquinha, mas agressivamente feia casaria dos nossos subúrbios dá, a quem vem de São Paulo, uma ideia tão desagradável e tão triste do Rio de Janeiro.

Está claro que não se pode exigir que os subúrbios, lugares da cidade habitados exatamente pela parte mais modesta da sua população, resplandeçam pela magnificência dos seus parques floridos e dos seus palacetes, mas o que já se pode exigir é que na sua simplicidade esses arrabaldes não ofendam a vista de ninguém pelo mau gosto dos seus prédios, mesmo pequenos ou insignificantes. Cada bairro precisaria estar sujeito à jurisdição técnica de um consultor de arquitetura, de modo a poderem ser evitados tantos disparates que por aí se dão. Cada bairro tem a sua feição própria, com a qual deve estar de acordo a arquitetura das suas casas, grandes ou pequenas, guardando entre si uma certa harmonia de forma e de colorido, que antes acalme do que irrite os nervos de ninguém.

Se ao menos todas as ruas dos subúrbios fossem arborizadas! Mas se não o são nem mesmo as de outras partes mais luxuosas da cidade, como poderíamos impor que o fossem as dessas bandas tão descuidadas?

A árvore é, entretanto, um recurso maravilhoso para o embelezamento fácil e barato das vias públicas, e Deus sabe quanto as dessa zona batida de sol se sentiriam refrigeradas e agradecidas, se as ensombrassem com as copas redondas de arvoredos bem escolhidos.

Aí está outra coisa muito bem estudada em São Paulo e muito digna de chamar a atenção de todo o viajante curioso e de apurado gosto: a aplicação das árvores no embelezamento da cidade. Parece-nos que não temos aqui senão o oiti, que é a variedade mais aplicada nas nossas praças e ruas; lá, a cada alameda, a cada rua ou a cada avenida, corresponde, como toda a gente sabe, uma espécie de planta diferente, o que dá a cada uma delas um aspecto diverso e encantador. Se uma rua é toda plantada de eucaliptos, magnificamente dirigidos e bem cuidados, já outra ostenta só magnólias, ou plátanos, etc. E todas essas árvores, que inquestionavelmente representam um dos maiores encantos da cidade, estão limpas, corretas, escovadas, como quem acaba de fazer a sua *toilette* com todo o esmero e vaidade.

É provável que a arborização de São Paulo consuma uma boa verba à sua Prefeitura, mas ninguém que a veja considerará mal empregada semelhante despesa.

Ora, nós precisamos muito mais do que São Paulo de um sistema, o mais aperfeiçoado e o mais disseminado que nos for possível, de arborização, primeiro, porque o nosso clima ardente precisa mais de sombras refrigerantes do que o clima frio da cidade a que aludo; segundo, porque as nossas edificações, mais também do que as de São Paulo, lucrariam com o disfarce piedoso do véu de folhagens verdes das mimosas ou das acácias, que lhes atenuasse a disformidade de certas cimalhas pesadonas...

Felizmente, o amor à árvore começa a revelar-se também entre nós. Acabo de ler em uma das nossas folhas que a formosa Paquetá, onde há as mais belas e mais frondosas mangueiras que tenho visto, pérola da Guanabara, ilha nascida para os sonhos da mocidade em um idílio de amor, vai celebrar em um destes dias a sua festa das árvores.

Nesse dia aquelas águas, que na sua placidez mais parecem doces que salgadas, refletirão certamente, no tumulto das cores variegadas, as centenas de sombrinhas com que as cariocas se resguardem, debruçando-se das amuradas das barcas, para verem as praias brancas onde se estrelam altos coqueiros e as redondas e grandes pedras postas aqui e além sobre o cristal das águas pela mão misteriosa e artística de algum deus marinho ainda ignorado. Mas já Paquetá se não contenta só com as belezas da sua natureza privilegiada; quer também gozar as sensações da arte e reclama condução para, em noites de espetáculo, vir aos teatros!

E tem razão, porque a temporada que se anuncia para este ano deve abalar a curiosidade até do Dedo de Deus! Para ver Augusto Rosa, o finíssimo ator de comédia, que aí nos chega com a companhia do D. Amélia, de Lisboa, vale a pena sujeitar-se uma criatura de bom gosto aos mais árduos sacrifícios. Eu já estou antegozando o prazer intelectual de o ver e de o ouvir e, embora fosse moradora de Paquetá ou, ainda de mais longe, da Piedade ou de Mauá, reclamaria condução aos berros, só para vir aplaudir nos seus papéis e nos seus monólogos esse artista, considerado em sua terra como o mais ilustre de todos os artistas dramáticos da atualidade no seu país.

E, além do teatro dramático estrangeiro, nós teremos o nosso, peças escritas ao influxo dos nossos costumes e do nosso clima, peças brasileiras destinadas a enriquecer a nossa literatura em um novo filão, ainda pouco ou quase nada explorado. E, além dos dramas e das comédias, eis que se abrem também as portas do Lyrico para a companhia Sanzoni, em que o barítono Eugenio Giraldoni fará estremecer o público ao som da sua voz e da sua arte já famosas...

Realmente, com tantos atrativos, os teatros este ano terão os seus lugares disputados, não nos causando espanto que até as sereias, que por aí se disfarçam em botos, venham do fundo do mar ouvir os cantares inumanos de Tristão e de Isolda...

P.S.: Às pessoas que me perguntam se deixei por completo ou se interrompi apenas a publicação do *Correio da roça*, respondo que essa correspondência será reencetada logo que se me ofereça oportunidade para isso. A Isabel de Moura (Barbacena) e a João Prado (Belém do Descalvado) agradeço as indicações, prometendo aproveitá-las.

10

10 de maio de 1910

– Passeemos; vejamos as novidades que me apresenta a cidade depois da minha vilegiatura...

– Por onde queres começar? – perguntou a minha amiga, puxando para o queixo o seu veuzinho cor de musgo.

– À tua vontade.

– Então, já que estamos tão perto, comecemos pelo mercado das flores.[27]

---

27 Inaugurado em fevereiro de 1910, na travessa Flora (antiga travessa São Francisco de Paula e atual rua Ramalho Ortigão), entre as ruas da Carioca e Sete de Setembro, o novo mercado das flores, com barraquinhas de

Estávamos no largo da Carioca e um minuto depois na travessa Flora.

Não, não era assim que eu supunha ficar o mercado das flores! Para abrigo das rosas eu desejara um palácio de rendas, em que os varais de ferro se disfarçassem nas suas linhas encurvadas e airosas, em hastes de tulipas, pés de lírios, e gradeados claros, seguros aqui e além por um anelzinho de ouro ou de prata... Eu construíra em mente o pavilhão de Flora todo risonho, leve, com baixos degraus de mármore, chão suspenso de ferro rendado, ao centro um repuxo cantante, para refrigério das plantas, e em cada banqueta uma florista moça com o seu uniforme bem escolhido, claro ou escuro, conforme a estação. Não pode haver profissão mais própria para uma mulher do que essa de vender flores e é com certeza muito mais decorativo e interessante aos olhos de quem passe ou vá

---

toldos listrados de branco e vermelho, logo se tornou uma grande atração da cidade e referência nos anúncios das lojas que ficavam nas proximidades. No jornal *O Paiz*, versos anônimos festejaram o acontecimento: "Nós não tínhamos outrora/ Para as flores um mercado;/ Abriu-se a travessa Flora,/ E ficou tudo arranjado./ Nas praças e nas esquinas/ Já não se vê um ratão/ Vendendo as flores mais finas/ Espetadas num mamão." Em 1922, na administração do prefeito Souza Aguiar, o mercado foi transferido para a praça Olavo Bilac, onde está até hoje. (N.E.)

de propósito ao mercado de flores, em vez dos homens que lá estão, ver moças nas suas respectivas banquetas, todas emolduradas pelas hastes das glicínias violáceas ou de estrelados jasmins. Um mercado de flores deve ser em tudo diferente de um mercado de peixe, mesmo porque não obedece tanto às regras das coisas práticas como às do luxo, da graça e da elegância. Não se alegue, pelo amor de Deus, que em outras cidades do mundo civilizado os mercados de flores sejam também, como o nosso, servidos por homens. Não temos nada com isso; ao contrário, o que devemos é procurar, sempre que tenhamos de fazer alguma coisa nova, fazê-la e organizá-la de um modo inédito, perfeito, melhor, ou pelo menos tão boa como a melhor da sua espécie conhecida no mundo. Haveria ainda nisso uma vantagem; ir acostumando o povo a considerar as moças que trabalham com respeito, visto que não seria permitido a nenhum rapaz menos educado ofender com os seus ditos ou a sua insistência as vendedoras mais ou menos gentis.

Em todo o caso, se o novo mercado de flores não é o airoso pavilhão de Flora que imaginei para abrigo transitório das nossas orquídeas maravilhosas, também não se pode chamar positivamente de feio ou de desajeitado; é decente, os seus portais são elegantes e já não fará sorrir com desdém as alemãs alegres e as esgalgadas *misses* que ali forem adquirir galhos floridos de cataleias brancas, de estanopias perfumadas ou de oncídios amarelos, para alegrarem com eles os seus camarotes ou as suas mesas de bordo, de passagem pelo Rio de Janeiro.

Toda a gente que tem viajado por mar conhece o alvoroço, a alacridade com que as passageiras de bordo, mal desembarcam em qualquer porto, procuram obter flores da nova terra em que pisem.

Como a nossa flora é famosa, é natural que seja ainda mais intensa aqui do que em outra qualquer parte, essa curiosidade do estrangeiro pela flor a que se mescla talvez inconscientemente a necessidade de matar saudades de terra pela vista e pela posse de alguns dos seus produtos naturais e que mais lindamente a representem.

Enfim, o mercado de flores não é feio, mas ainda não era aquilo o que eu desejava...

A minha amiga olhava para mim com um sorriso amarelo. Percebia o meu desapontamento e para consolar-me travou-me do braço e exclamou:

– Vem ver o monumento!

À ordem imperiosa da minha companheira relanceei ainda a vista pelos tabuleiros das margaridas e dos crisântemos e deixei-me levar. Antes tivesse resistido; a meio caminho encontro um rancho de moças que me rodeiam como um enxame de abelhas, pedindo-me que eu junte a minha voz às de quem pede para transferirem o Instituto de Música do edifício em que funciona, para os da antiga Biblioteca Nacional[28] e Cassino, no Passeio Público...[29] Que sei eu? Como negar tal favor a quem pede com tamanha convicção e tão cândida persuasão de que a voz de uma cronista literária possa ser distinguida com maior deferência? Quem tem autoridade para dizer tudo que convém ao assunto, e informar diretamente o governo das necessidades do Instituto de Música já o fez. Toda a gente compreende e louva o interesse com que o ilustre maestro Alberto Nepomuceno se tem empenhado para que a escola que dirige funcione em um edifício condigno dela; e tanto a compreende que essa exigência já é da cidade inteira. É justo que a música tenha o seu palácio como o têm as outras belas artes; demos-lhe o prestígio que merece.

---

28   Em 1910, a Biblioteca Nacional foi transferida do prédio em que funcionava, desde 1858, na rua do Passeio, em frente ao Passeio Público, para o novo prédio da avenida Central. Ao lado do antigo prédio, que desde então foi ocupado pelo Instituto de Música (atual Escola Nacional de Música, da Universidade Federal do Rio de Janeiro), funcionava o Cassino Fluminense. (N.E.)

29   Situado no centro histórico do Rio de Janeiro, é o primeiro parque ajardinado do Brasil, concebido por um dos maiores artistas do período colonial brasileiro, Valentim da Fonseca e Silva, o mestre Valentim. Construído na década de 1780, o Passeio Público foi o principal ponto de encontro da população carioca nos séculos XVIII e XIX. (N.E.)

Ainda as trêfegas alunas do Instituto burburinhavam ao redor de mim, quando um automóvel parou à beira da calçada e de dentro saltou elegante senhora da nossa sociedade para me dar uma novidade em primeira mão: pensa em organizar este inverno um baile de caridade, cor-de-rosa e branco, no pavilhão Monroe.[30] Em São Paulo tem-se feito ultimamente muitos desses bailes, que são bem-sucedidos, vendem-se os convites, os licores e o chá, pagas as despesas, vai o resto do dinheiro engrossar a bolsa magra de qualquer instituição de assistência pública. Efetivamente, não há razão para que se não faça aqui a mesma coisa, apesar de que há também algumas coisas que nós fazemos sem razão nenhuma; e ali tinha eu para exemplo, diante dos olhos, um trabalho de escultura feito por um pintor! A escultura, de mais a mais a monumental, destinada a afrontar o sol, o vento, a chuva

---

30   O pavilhão Monroe, projeto do engenheiro Francisco Marcelino de Souza Aguiar, foi construído, em estrutura metálica e estilo eclético, para ser o pavilhão brasileiro na Exposição Internacional de Saint-Louis (EUA), em 1904. Depois da exposição, onde foi premiado, foi desmontado e reconstruído no trecho final da avenida Central. Em 1906, recebeu o nome de palácio Monroe, em homenagem ao presidente dos Estados Unidos, James Monroe, e, ao longo do século XX, foi sede da Câmara dos Deputados, integrou a Exposição do Centenário da Independência e abrigou o Senado Federal. Foi demolido em 1970. (N.E.)

e o juízo das multidões livres de todos os preconceitos e de todos os embaraços, é uma arte muito independente, muito nobre, muito séria, para ser executada para uma praça pública em uma homenagem patriótica, por quem se não tenha revelado nela um servidor consciencioso e experimentado...

Bem sei que é geral nos pintores, pelo menos nos nossos pintores, a opinião de que ela é uma arte mais fácil do que a pintura, e de que qualquer artista hábil no desenho e no manejo das tintas pode, sem esforço, fazer escultura. Não creio; e nem creio mesmo que o mais perfeito pintor possa, sem estudo longo, aturado e inteligente, fazer jamais uma estátua que mereça sequer o qualificativo de medíocre. Sei que houve e há ainda artistas igualmente grandes nas duas artes; mas também sei que todos eles lhes estudaram longamente os preceitos e os processos. Para mim tenho que na escultura é incomparavelmente mais difícil atingir a grandeza da genialidade do que na pintura. Quem entra nos museus d'arte em que esses dois ramos estão representados não encontra nunca para cem obras-primas de pintura dez obras equivalentes de escultura. Acredito que seja relativamente fácil a um pintor hábil modelar um boneco ou uma estatueta, mas modelar uma estátua, agrupar várias figuras com grandiosidade e atingir a linha, o aspecto, a imponência monumental, isso não o acredito absolutamente – e mesquinha fora a arte em que tal resultado pudesse ser facilmente alcançado.

Como monumento, o que atualmente ocupa a praça Floriano Peixoto[31] só não me parece um completo mostrengo porque o salva desse qualificativo a composição harmônica da base; tudo, porém, que está no alto da coluna é a meu ver antiestético, confuso, deplorável e o monumento chega a ser tragicômico com o remate daquela cabeça do herói decapitado, pousada muito firme na ourela superior da bandeira desfraldada.

Não entro, está claro, na questão delicada da oportunidade da consagração pelo bronze e pelo mármore do triste fato comemorado pelo monumento em frente ao Theatro Municipal. O momento celebrado não é dos que mereçam ficar lembrados perpetuamente na vida de uma nação; não é isto querer amesquinhar o herói que o pintor pretendeu celebrar sem de nenhum modo conseguir mais que plasticamente diminuí-lo, cobrindo-o todo

---

31 Referência ao monumento em homenagem ao marechal Floriano Peixoto, projeto de Eduardo de Sá, inaugurado em 1910. De fortes traços nacionalistas, tem em sua base indígenas, o padre José de Anchieta, o português Diogo Álvares Correia (o "Caramurú") e um casal de negros; no alto, o marechal e a bandeira brasileira, da qual emergem os rostos de Tiradentes, José Bonifácio e Benjamin Constant. (N.E.)

na sombra da bandeira, onde ele fica esbatido no fundo do mesmo tom, sem relevo e sem destaque. Para mim a questão importante é a da beleza. Se o monumento fosse belo, eu lhe renderia com todo o entusiasmo o meu preito. Mas é pavoroso.

11

24 de maio de 1910

Fosse eu desenhista e em vez destas tiras palidamente rabiscadas faria agora aqui a figura da nossa querida cidade, oferecendo um ramo de flores ao dr. Francisco Sá, pela solução que ele deu ao caso do morro de Santo Antônio. A linda enseada da Glória permanecerá como é e como foi, respeitada por quem planejou e executou a avenida Beira-Mar; e o pobre morro, ainda tão desprezado, pode ter a esperança de se ver transformado no mais lindo bairro do Rio de Janeiro central. De borrão de terra que ele é hoje, à noite, ver-se-á tresmudado em foco luminoso. A luz elétrica irradiará das suas alamedas arborizadas a capricho pelo dr. Julio Furtado, sempre tão desvelado na ornamentação dos nossos parques e jardins; os nossos mais afamados engenheiros e arquitetos podem ir pensando desde já em esboçar planos, levantar mapas, organizar os aclives e declives das ruas, de modo a poderem ser percorridas até ao alto de bonde e de automóvel; os capitalistas preparem-se para a compra de terrenos e construção de hotéis, colégios, belas residências, casas para o Congresso, clubes, etc., porque não é possível permanecerem por muito tempo as coisas no feio pé em que agora estão.

O dr. Serzedelo Correia,[32] se quisesse tomar a si a tarefa dessa transformação imprescindível, prestaria à população carioca um serviço de extraordinário alcance, que ele bem compreenderia quando mais tarde, partindo de qualquer dos pontos que circundam o morro, que está no centro de nossa cidade como um mendigo imundo no centro de um salão luxuoso, subisse até ao seu cume, sem cansaço, com a pituitária acariciada pelo aroma saudável do arvoredo, a vista deslumbrada pelo panorama da cidade e do mar, os pulmões cheios de ar puro e renovado.

O abandono do morro de Santo Antônio é uma das coisas mais absurdas que eu tenho visto em toda a minha vida, tanto mais que me parece que todo o dinheiro que se

---

32 Prefeito do antigo Distrito Federal (1909-1910). (N.E.)

gastar no aproveitamento dos seus terrenos será dinheiro empregado a juros certos e infalíveis. E é por isso que me espanta tão longa hesitação. Que o arrasamento do morro fosse para uma empresa qualquer que o explorasse mais lucrativo do que o seu embelezamento, tal como o temos preconizado, de acordo. Ainda assim, uma empresa bem organizada, que tratasse de o aproveitar sem o suprimir, não perderia nada com isso... Em todo o caso, a cidade não cogita de lucros particulares, cogita do seu interesse, que é o de toda a sua população, rica ou pobre, nacional ou estrangeira, amarela, branca ou preta. E tenho comigo provas de que este assunto interessa a muita gente e de que a minha opinião é a que prevalece na maioria dos habitantes do Rio de Janeiro. Quais essas provas? As cartas.

Ninguém ignora que sempre que algum jornalista expõe uma ideia de interesse público, esse jornalista recebe, consubstanciado em cartas, o desabafo colérico ou o acoroçoamento fervoroso dos que são contra ou a favor da sua opinião. Pois embora não pareça a muita gente que este caso possa agitar curiosidades, a verdade é que, como disse, tenho recebido a seu respeito grande número de cartas, algumas das quais bem interessantes, e em quase todas essas cartas se manifesta o desejo de que o morro desmazelado, o morro triste, continue no seu posto, mudando, porém, de aspecto, como convém a quem ocupa a posição que ele ocupa.

112

Vejo agora que se eu fosse desenhista, teria de reproduzir a figura do Rio de Janeiro oferecendo também as flores da homenagem, numa saudação bem sincera, ao dr. Nilo Peçanha,[33] pela vontade que manifestou de não consentir que se fechem escolas no Brasil durante o seu governo.

Não tenho acompanhado com muita atenção as razões por que se desejou agora acabar com o curso noturno da Escola Normal; mas, tendo lido, não me lembro em que jornal, que ele era frequentado por cerca de setecentas alunas, vejo que esse curso era e é necessário à nossa população. Moças que não podem sair durante o dia, ou por afazeres domésticos, ou por economias de vestuário, ou por falta de quem as acompanhe, bendirão as aulas noturnas que lhes permitirão estudar sem sacrificar a sua vaidade de mulheres ou a ordem do seu lar que esse abandono à noite não perturba, porque o que nele tiver de ser feito já a essa hora está feito.

A alegação de que as saídas à noite podem ser prejudiciais à saúde das moças não tem fundamento. O nosso clima é benigno e a prova de que ninguém tem medo do sereno é que nós todas passeamos à noite em cabelo pelos nossos jardins, quando temos jardins, ou pelas calçadas

---

33 Presidente da República (1909-1910), cargo que assumiu após a morte de Afonso Pena. (N.E.)

das nossas ruas, quando os não temos, sem receio de que tal hábito nos faça mal à saúde. E não faz. Nas outras capitais da importância da nossa, ver-se uma senhora em cabelo na rua causa certa estranheza, não só porque se acha isso incorreto, como porque se temem as perfídias da atmosfera noturna. Nós aqui zombamos desses exageros e talvez tenhamos mais saúde do que as inglesas, por exemplo, que se sentam à tarde a ler nos terraços dos seus próprios jardins, enfeitam-se com um chapeuzinho ou um chapelão, conforme a moda... quando fazem caso da moda...

Fechar escolas? Mas não parecerá a todos natural que o nosso empenho seja exatamente o de conservar todas as que temos e fundar mais, muitas mais, espalhando-as por todo este Brasil enorme e inculto? Não há dinheiro? Crie-se um imposto para a instrução popular, invente-se qualquer meio que a sustente e a difunda; essa parece-me que deve ser a nossa melhor e principal preocupação. O povo brasileiro é inteligente e a parte dele que vive solapada na ignorância só consente nisso por inércia e falta de estímulo.

Bem sei que a escola de que se trata é de professoras, mas isso não destrói nenhum dos meus argumentos, visto que cada moça, dessas centenas de moças, ensinará no futuro uma centena de crianças pelo menos. E quando não o faça, quando a ciência que tiver adquirido não seja utilizada senão para o seu uso próprio ou, quando muito, para o ensino de seus filhos, que terá perdido o Estado com o ter-lhe proporcionado os meios de obter essa instrução?

Não terá perdido nada e decerto terá ganhado alguma coisa.

Mas agora o teatro. É justo que eu saúde daqui João Luso pelo sucesso do seu drama *Nó cego* – com tanto sucesso representado no nosso Municipal, e tanto que depois dele se me afigura que o autor só pensará uma coisa: preparar o papel, pegar da pena, e traçar o plano de uma outra obra em que se confirmem todas as excelentes qualidades desta! Os sucessos incitam no prosseguimento da carreira em que eles se tenham alcançado e é por isso que a estas horas talvez já estejam bailando na mente de João Luso novas personagens de um drama belo e novo.

Quem se seguirá agora? É de supor que o público tenha curiosidade de acompanhar com atenção esse concurso de peças nacionais, e de acoroçoar com a sua presença a coragem dos escritores que nele tomam parte. Deus alimente e fortaleça essa curiosidade!

Julio Furtado, então inspetor das Matas, Jardins, Caça e Pesca, em homenagem de aniversário, tendo à sua esquerda o poeta Emílio de Menezes e à sua direita João do Rio, Gregório da Fonseca e Bastos Tigre, *Fon-Fon!*, 1910, n. 28, p. 44. Acervo da Fundação Biblioteca Nacional.

12

12 de julho de 1910

A não ser as pessoas que por desesperos íntimos se enso-
pem de querosene e ateiem fogo às próprias vestes, todas
as mais têm medo de incêndios; e devemos concordar que
esse é um medo muito justificável, tanto mais que, mesmo
quem se queime voluntariamente, ao ver-se entre labaredas, pede quase sempre socorro, aos brados, correndo
espavorido pela casa ou rebolando-se no chão.

São raras as pessoas que se deixam morrer estoica-
mente, sem um grito, sem um apelo, ou sem uma maldi-
ção. Todos nós que temos amor à vida – e concordemos
que este é também um sentimento muito justificável,
porque, seja como for, a vida ainda é a melhor coisa que

se conhece – temos naturalmente medo do fogo, mas nenhum de nós, entretanto, ao penetrar em uma casa de espetáculo ou numa sala de cinematógrafo, muitas vezes cheia como um ovo, pensa nas condições que esse recinto nos oferece de salvamento em caso de perigo real ou imaginário. Seria ridículo pensar que um perigo imaginário matasse ou molestasse alguém, se não se soubesse que o horror dos atropelos nas fugas tumultuárias dá causa frequentemente a incidentes mortais.

Embasbacados diante de uma fita que reproduza paisagens nunca vistas: canais da Holanda, com as suas margens cultivadas de cereais e bordadas aqui e além por moinhos de vento; ou os *fjords*[34] da Noruega e da Suécia, com os seus montes rochosos, emergindo do mar azul, franjado a prata, ou uma estrada branca da Rússia, velada pelas filas negras de pinheiros esguios; encantados pela novidade dessa viagem fácil, feita sem os vômitos do enjoo e sem as lágrimas da saudade, quem se lembrará de cogitar se os cinematógrafos são aparelhos perigosos, com elementos facilmente inflamáveis, ou se as casas em que eles funcionam nos oferecem todas as garantias de segurança, em caso de incêndio? Está claro que todas as salas de espetáculo obedecem a certas regras impostas e

---

34 Em inglês, "fiordes". (N.E.)

118

fiscalizadas pela polícia local e conhecidas pelo público para recurso de salvamento num instante de pavor alucinante, motivado por qualquer acidente, e as salas dos cinematógrafos não escapam certamente a tal imposição; mas quantos dos seus frequentadores estão convencidos de que tais precauções foram nelas observadas e são mantidas com rigor pelos seus proprietários? Eu, por mim, nunca me lembro disso. Entro com a intenção de me distrair, não quero saber de cuidados nem de indagações. Sei que a sala em que estou tem uma portinha, por onde entrei, aos empurrões, depois de ter feito cauda do lado de fora; que as suas cadeiras são muito unidas e as suas coxias são estreitas; que não há janelas nessa sala porque a claridade exterior prejudicaria a ilusão visual; que assim como há uma portinha ao fundo da sala por onde entrei, há outra na extremidade oposta, por onde hei de sair com menos impaciência e completa satisfação; que a atmosfera dessa sala está impregnada do cheiro peculiar das multidões; que a luz ora aparece, ora desaparece, que as explicações e letreiros são escritos numa língua esquisita, verdadeira salada de idiomas, que devia ser proibida por nociva à inteligência, mas que me faz rir; e é já saber muita coisa, para procurar saber ainda mais alguma!

E assim a principal fica ignorada, visto que as paredes laterais do salão, que se nos afiguram impenetráveis, têm, com certeza, algumas saídas, ocultas aos olhos do espectador, mas conhecidas das autoridades, sem as quais não seria concedida, a quem quer que fosse, licença para a exploração desse gênero de divertimento reconhecidamente perigoso... Essas portas escancarar-se-ão de relance em um momento de angústia, para que ninguém morra sufocado pelo fumo ou pelo apertão, ou seja atingido pela chama assassina, mas, como não se sabe o ponto exato em que elas estão colocadas, haverá ainda assim quem tristemente bata com o nariz nas paredes...

No incêndio do cinematógrafo Rio Branco[35] não houve, felizmente, vítimas, porque a hora não era a da grande concorrência. Teria sucedido o mesmo se o salão estivesse repleto e se o fogo tivesse sido motivado por explosão no aparelho cinematográfico? Só alguns pobres bombeiros pagaram o seu amargo tributo à profissão humanitária que escolheram e ficaram nesses os desastres pessoais e em cinza o prédio.

Uma coisa que me faz cismar é como em geral os incêndios no Rio de Janeiro, onde muitas casas são feitas

---

35 O Grande Cinematógrafo Rio Branco, de Cristóvão Guilherme Auler, situado na rua Gomes Freire, próximo ao centro da cidade, era, ao lado do Pathé e do Palace, uma das principais salas cariocas de cinema. Por serem pequenas e decoradas com muitos tecidos e lustres, não eram raros os casos de incêndio. (N.E.)

com madeiras duras, nacionais, e onde o corpo de bombeiros é uma instituição modelar, apontada como absolutamente perfeita, são quase sempre de prejuízo total!

Qual será o segredo dessa anomalia? Terá a nossa deliciosa e incomparável água carioca qualidades especiais, que, em vez de aplacarem, ajudem a atear mais vivamente o fogo que ela pretende apagar... ou será insuficiente a sua quantidade nos registros das ruas, todas as vezes que os bombeiros pressurosos a procurem para atacar um incêndio? Não sei, mas há com certeza um mistério nesta terra a favorecer o fogo; [que] o explique Vulcano, já que nós [não] temos capacidade para tanto...

O que, nem Vulcano, nem todos os [deuses] pagãos decifrariam nunca são [estes] belos segredos que dois homens modernos, nossos contemporâneos, dizem ter descoberto agora, para consolação e alegria da humanidade inteira. Há poucos dias ainda publicavam os nossos jornais a notícia de que um médico ilustre da França, o dr. Doyen, divulgava ao mundo a gratíssima nova de ter salvado, com um preparado denominado Mycolisina, vários tuberculosos, obtendo curas radicais em enfermos do primeiro, segundo e terceiro período dessa enfermidade terrível e devastadora!

A essa notícia, que vem encher de esperança o mundo inteiro, veio ajuntar-se dias depois outra não menos animadora e esta fornecida por um médico italiano, o dr. Pichora, que assegurou ter descoberto um sistema eficaz para o tratamento do cancro. Também este declara ter conseguido cura completa em diversos doentes já desenganados!

Benditos sejam ambos, quer tenham já, de fato, conseguido o resultado maravilhoso que apregoam, quer tal resultado não tenha passado de uma ilusão, fácil de compreender, porque todos que se debatem no pavor de tais moléstias já se animam com a certeza de que há quem manifestamente se esforce por debelá-las, pondo nisso todo o ideal da sua vida... Se o segredo não está ainda decifrado, está perto disso. Não se abalam assim os fios telegráficos por suspeitas sem nenhum fundamento.

E que para sempre sejam benditos os homens de ciência que se sacrificam pela humanidade.

Amém.

Pede-me alguém, que indo ao mercado de flores não foi atendido com amabilidade pelo vendedor de rosas que procurou, para insistir sobre a necessidade de ser esse comércio feito por moças uniformizadas, o que daria um gracioso aspecto ao barracão da travessa Flora e asseguraria ao comprador um trato delicado.

A polícia reprimiria qualquer desrespeito do público, caso tal desrespeito houvesse, pelas interessantes floristas, e a cidade teria nesse seu recanto uma nota pitoresca e gentil. De resto o nosso público não é tão selvagem como muita gente pensa, haja em vista o que se dizia dos jardins sem grades, no tempo em que todos eles as tinham. Temia-se, então, que o povo devastasse os canteiros das praças ajardinadas e sem defesa, e, entretanto, que popular arrancou jamais uma planta desses jardins, desde que as suas grades foram suprimidas? Nenhum.

Cinematógrafo Rio Branco, *O Malho*, 1908, n. 277, p. 19. Acervo da Fundação Biblioteca Nacional.

13

9 de agosto de 1910

Extinguir o serviço de profilaxia da febre amarela? *Mais jamais!*,[36] como diria um francês que se sentisse fortemente vinculado a esta terra pelo coração ou pela conveniência. E nós então, que diremos? Eu, nascida aqui sob o terror das epidemias, criada ao som das vociferações contra a febre maldita, que uma vez me pôs mesmo à beirinha do túmulo, exatamente na idade em que a vida me parecia melhor; eu, que por causa dela, que tanto nos deprimia e desacreditava no estrangeiro, tantíssimas vezes discuti

---

36   Em francês, "Mas nunca!". (N.E.)

com estrangeiros sentindo fugir-me todos os argumentos de defesa da minha terra em frente das suas acusações; eu, que tantíssimas noites passei em claro, andando do meu quarto para os quartos de meus filhos, a ver se estariam febris, a fazê-los cheirar fenol ou a enxotar mosquitos, sobressaltada a cada um dos seus suspiros, vendo a inimiga feroz em cada uma das suas mais insignificantes indigestões ou mais inesperados espirros; em que senti a minha existência tantas vezes estragada pelo medo, um medo covarde, doentio, aniquilador, de que tal moléstia me entrasse em casa, e me roubasse qualquer ente querido; eu, em memória de todos os sofrimentos passados, protesto com a maior veemência, com todo o ardor, com todos os direitos de brasileira e de mãe de família, contra a medida econômica que o sr. ministro do Interior quer pôr em prática, suprimindo o serviço de profilaxia da febre amarela.

Não, meu senhor; tudo menos isso. Se é verdade, o que ainda não creio, que tal ideia lhe tenha perpassado pelo espírito, conte desde já com a oposição de toda a gente, inclusive as mulheres, que desta vez não ficarão apáticas ante a visão do renascimento, mais tarde provável, talvez mesmo inevitável, de um mal que as afeta a elas muito mais do que aos homens, porque são elas principalmente as responsáveis pela higiene e a felicidade dos respectivos lares.

125

Seria um desastre político vergonhoso se, após tanto trabalho, tanta luta, tanto estudo, e tanto dinheiro consumido para chegarmos ao resultado a que chegamos de tranquilidade e de salubridade, por um simples decreto, se desmanchasse tudo, e em poucos meses ao primeiro descuido, a cegadora-mestra, cor de gema de ovo, entrasse em atividade pela cidade adentro, como por sua casa, a dizimar a população, a aterrorizar as pobres mães, a impedir a entrada de estrangeiros, a malsinar para sempre, definitivamente, a terra brasileira!

Não! O dinheiro do povo gasto com a saúde do povo é gasto a seu contento. A profilaxia não é inútil. Não deve ser suprimida.

Fique o senhor ministro sabendo, ou quem fez correr esse boato por sua conta, que o espantalho da febre amarela ainda projeta a sua sombra nas próprias plagas do Rio de Janeiro. Não se repara nisso, mas a realidade é que os estrangeiros que aqui aportam ainda não manifestam inteira confiança no nosso clima. Estão sempre de prevenção, com medo ao assalto. A fama abominável que as consecutivas epidemias deram a esta capital provoca ainda um certo receio nos que a visitam.

Os estrangeiros recém-chegados, embora o dissimulem, sentem-se mal a gosto... As nossas frutas saborosíssimas parecem-lhes cheias de traições, olham para os sapotis e para as mangas com ar desconfiado e desdenhoso. O orvalho das nossas noites mais sossegadas goteja bílis, como se cada nuvem que se balança no espaço representasse um fígado monstruoso atacado de moléstia mortal; o pó das nossas ruas tem mais micróbios que o de todas as outras cidades reunidas; o nosso sol, fá-los suar, menos de calor do que de apreensões; a água deliciosa, a água leve e cristalina das nossas fontes, boa e pura como nenhuma outra, é sorvida aos poucos, em goles pequeninos, com precaução, no susto de que cada um deles seja o portador fatídico do mal pavoroso, e o mais agradável sopro de brisa que encrespe a superfície da Guanabara ou faça rumorejar docemente as ramas das nossas mangueiras, é como um sopro do inferno, bafo cheio de miasmas, portadores de morte...

Em uns mais do que em outros, a verdade é que existe ainda nos estrangeiros, ou mesmo nos nacionais vindos de fora, uma certa apreensão contra o nosso clima. E qual foi a causa dessa apreensão?

A febre amarela. Sim, meu senhor: a febre amarela. Ela já se foi, mas a sua sombra ainda se não dissipou de todo e há razão para que lhe façamos guerra ainda e por muito tempo; e que o exemplo da nossa tenacidade e do nosso esforço sirva a estados brasileiros em que ela se aquartelou para mal deles e... de todos nós. Efetivamente, não basta ter expulsado a febre amarela da capital, é preciso expulsá-la do Brasil todo e redobrar de atividade para chegarmos a tal conclusão.

Estando no Pará, no Recife ou na Bahia, ela continua em casa, e não lhe será difícil vir, por mar ou terra, quando bem lhe parecer, até ao cais do porto ou à avenida Central... E então, adeus conquistas abençoadas do dr. Oswaldo Cruz; adeus benefícios, nunca assaz louvados, do governo Rodrigues Alves; adeus tranquilidade de espírito das mamães que já não andam atrás dos filhos para que eles não comam cajus quentes do sol, ou não brinquem ao anoitecer no jardim, ou vão para a escola à hora do calor pelo lado da sombra, e, sobretudo, adeus propaganda do Brasil na Europa, na Ásia ou na própria África. Tudo ficará comprometido, inutilizado, perdido...

Mais uma vez: Não! A obrigação do governo é fortalecer cada vez mais as instituições que zelem pela saúde pública. Uma boa estatística sanitária dá mais valor a qualquer cidade, do que tudo mais que dela possam dizer de bem. Nós ainda gastamos pouco com a higiene. Aí está a tuberculose para o provar. É outra inimiga encarniçada a guerrear, a guerrear sem tréguas nem cansaço. Se para isso for preciso gastar muito dinheiro, gastemos. A economia em tais casos é um crime pavoroso, indigno das nações civilizadas e dos governos hábeis.

Que se tem feito aqui para combater a tuberculose? Não sei; não se contando com a iniciativa particular, não sei nada. Portanto, não há nessa questão da saúde pública despesas a diminuir, mas despesas a acrescentar. Do céu venha o remédio, se não houver outros recursos, mas essa é que é a verdade. Clamemos por ela sem fadiga nem temor.

Tratando de moléstias e referindo-me a estrangeiros, acode-me à ideia a figura do médico italiano dr. Pozzi, que veio mais uma vez vincular em meu espírito a convicção de que não são muito mais úteis os hóspedes que nos molestem o amor-próprio com uma ou outra censura do que aqueles que não dizem senão bem de nós e de tudo que é nosso...

Foi graças à franqueza do ator Antoine, falando sem rebuço, com sinceridade, das péssimas condições dos nossos teatros, em que os artistas não encontravam o menor conforto, que se pensou seriamente em dotar a cidade com um teatro belo e novo, à vista do que o ator Antoine deveria ter um retrato em uma das paredes do Municipal... Agora é, graças a um reparo franco e justo de um homem de ciência italiano, o qual, como o artista francês, não tem o espírito adulador, que a velha Faculdade de Medicina, feia, pobre, indigna da sua aplicação, será substituída por uma outra escola em tudo moderna e em tudo perfeita. A sinceridade das opiniões traz sempre bom resultado. E aí estão estes dois exemplos para o demonstrar. A nossa vaidade nacional arrepia-se toda em face de certas censuras, mas o bom senso obriga-nos a calar-nos, sempre que elas forem justas, e a corrigir-nos, para que não se repitam.

É o que se vai fazer agora. Do casarão sujo e triste desta velha escola, cheia de tradições e de saudades, mas também cheia de imundície e de inconvenientes de toda a ordem, surgirá uma escola nova e modelar, a melhor do mundo, talvez.

Empenhemo-nos para que seja assim – a melhor do mundo! Para alguma coisa lhe deve servir o ser feita depois das outras...

14
UMA FESTA LITERÁRIA

16 de agosto de 1910

Foi pena que as quarenta poltronas da Academia Brasileira de Letras não estivessem quase todas ocupadas na bela noite da recepção de Paulo Barreto... Digo quase, porque ninguém ignora que algumas dessas cadeiras pertencem a escritores que vivem fora do país ou em estados afastados da capital.

Concedendo mesmo que um ou outro dos acadêmicos residentes no Rio de Janeiro não pudesse, por motivos muito imperiosos, comparecer à festa solene da recepção de um novo colega, ainda assim o número de lugares vazios era tão grande e punha na sala um vácuo tão frio, de uma indiferença tão inexplicável e absurda, que não podia deixar de ser notada e causar estranheza a toda a gente que se apinhava ali, em *toilette* de festa, em torno do estrado dos consagrados, com ouvidos curiosos e as mãos fremindo para os aplausos justos. De resto, era difícil conceber a ideia de que todos os ausentes tivessem sido impedidos de assistir à sessão da sua casa, por motivos de força maior...

E nunca a sala da Academia esteve mais linda. Os ramos multiplicavam-se, enchendo o ambiente com o aroma capitoso das angélicas abundantes, como a prepará-lo para a vibração da palavra moça do recipiendário. E o discurso claro, sóbrio, elegante do novo acadêmico foi ouvido do princípio ao fim com um sorriso de deleite e de simpatia. Através da sua comoção, que não seria pequena certamente naquele instante inesquecível e brilhante da sua vida literária, ele deveria ter percebido isso mesmo, gozando o prazer, bem raro, de se sentir compreendido e amado pelo seu público.

Com o mesmo talento, que tem, a mesma novidade de estilo, a mesma observação da vida e das coisas da sua terra, o novo acadêmico não teria despertado na alma da população carioca o interesse que despertou, se em vez de ser jornalista ele fosse apenas escritor de livros.

A não ser o teatro e o jornal, os outros gêneros literários como que isolam os autores do calor ardente da comunidade.

O jornalista, mesmo o mais aristocrático ou o mais independente, é um familiar, um amigo de todos os dias, espectador como nós das mesmas cenas misturado à nossa vida pela cadeia forte das opiniões.

Os outros escritores são mais ou menos idealistas, mais ou menos sonhadores, e a bem pouca gente interessa o sonho dos outros...

A última sessão solene da Academia de Letras atraiu-me muito especialmente, não só por ser a de recepção do escritor original que é Paulo Barreto, não só por se fazer nela ouvir a palavra sempre brilhante e sempre artística do escritor admirável que é Coelho Neto, mas também porque ela evocava a figura inconfundível de um poeta cuja obra leio sempre com ternura, porque ele me deu em vida, todas as vezes que o ouvi, a sensação de ser um bom, pelo menos literariamente falando, porque ninguém como Guimarães Passos parecia prezar tanto o talento alheio, recitando com entusiasmo ou carinho versos de poetas patrícios, seus contemporâneos, alguns seus desafetos, fazendo-lhes ressaltar o capricho das rimas ou qualquer outra das suas qualidades mais notáveis, provando assim, a par de uma frescura de memória incomparável, uma bondade incomparável também. A homenagem de um artista a outro artista, da arte que ambos professam, muito principalmente quando sejam ambos da mesma época e da mesma roda, não é coisa assim tão comum

133

que passe despercebida a quem a observe de fora. E não pode haver homenagem mais agradável a um poeta do que a de saber que um outro poeta o saiba de cor. Era tal a memória de Guimarães Passos que se conta dele este caso: uma vez Artur Azevedo, vendo-se atormentado pelo pedido insistente de alguém, que exigia dele um soneto velho e perdido, respondeu a esse alguém que se esquecera completamente daqueles versos e não sabia agora onde encontrá-los.

Mas o homem não se resignou, queria o soneto, custasse o que custasse, e tanto indagou, e tanto se queixou, e tanto impacientou o boníssimo Artur, que este, em desespero de causa, mandou-o ter com Guimarães Passos, como a um último recurso. E o homem foi e o saudoso Guima recitou-lhe o soneto do princípio ao fim, sem um tropeço, sem a mínima hesitação, palavra por palavra, como se o estivesse lendo em grossas letras sobre um papel branco. Felicidade do pedinte, pasmo do Artur, que todavia costumava dizer:

– É o diabo... Se morre o Guima, enterra-se com ele a minha obra de poeta!

E o poeta dos *Versos de um simples* e das *Horas mortas*, quem o recita?[37]

---

37 A autora se refere a duas obras de Guimarães Passos (1867-1909). (N.E.)

Não sei...

Entretanto, há nessas páginas graciosas ou melancólicas muita ideia a reter, e muita harmonia a repetir no carinho das salas pequenas, diante de um auditório compenetrado, desses que não estremecem só às lufadas febris dos gênios, ou às tiradas brilhantes dos atrevidos, mas que sabem sorrir, e sentir no sorriso o doce encanto da arte leve e discreta, ou sabem cerrar as pálpebras para verem dentro da própria alma a sombra fugidia do mesmo sentimento infiltrado em versos despretensiosos, escritos na areia, que a água lambe e leva, como estes das *Horas mortas*:

O SABOR DAS LÁGRIMAS

As salsas águas do mar
As fundas feridas curam,
Por isso muitos procuram
Na praia o corpo banhar;
Mas dizem que o sal batendo
Nas chagas dói de tal sorte
Que a criatura mais forte
Sempre se cura gemendo.
Por isso eu choro, que as bagas
Do pranto, caindo n'alma
Trazem depois doce calma

Saram-me as íntimas chagas;
Mas as lágrimas, que são,
Como a água do mar, salgadas,
Curam, porém, desgraçadas,
Causando sempre aflição.

Note-se que abri o livro ao acaso, sem a preocupação da escolha.

Estas sessões da Academia têm, além do brilho das consagrações, para o que ela foi criada, a doçura de uma romaria ao passado, que tanto mais interessa ao público quanto ele ainda é recente. Entre as pessoas que estavam no vasto salão do Silogeu, qual delas não teria conhecido a pessoa elegante e altiva de Guimarães Passos, quer andando na rua com o chapéu de feltro a ensombrar-lhe o rosto moreno, de tipo mais espanhol que brasileiro, quer nas festas literárias, de casaca perfumada pela grande gardênia branca da botoeira? Ninguém.

O que é incontestável é que a Academia venceu a quizília ou má vontade que porventura lhe tivesse um ou outro cá fora. Em toda a parte do mundo a mocidade combativa gosta de dar as suas marteladas, mais por troça que por maldade, à porta dos templos sagrados.

Aqui houve também as suas marteladas, mas não foram muitas, e é natural que agora, com a entrada de um moço, que começou demolidor, para a Academia, os ou-

136

tros moços, em vez de golpearem a martelo as suas portas, achem mais prudente bater-lhes com os nós dos dedos, na esperança de poderem lá entrar. Pela unanimidade da consideração da imprensa e pelo açodamento com que tanta gente procura assistir às suas sessões solenes, é evidente que a sociedade brasileira preza a Academia. O que falta agora é que a prezem igualmente todos os acadêmicos, deixem-me insistir, para que dos novos recebidos se não possa suspeitar que só os estimam e acolhem os poucos que assistem a essas sessões, às quais sempre compareceu, além do chefe do Estado e alguns dos seus ministros, o que a sociedade brasileira tem de mais elevado, de mais elegante e de mais culto. De vinte e quatro membros da Academia que me consta estarem nesta capital, só dez foram receber o novo colega. Nem ao menos metade dos presentes. É realmente pouco. Estas ausências da maioria não podem de modo algum fortalecer o prestígio da instituição. E todavia a Academia pode dizer-se que iniciou este ano os trabalhos para que foi criada: começou o vocabulário brasileiro, distribuiu o serviço do dicionário geral para a propaganda da sua ortografia e publicou o primeiro número da sua *Revista*, volume de umas duzentas e cinquenta páginas. Esta atividade prova, se os acadêmicos não esmorecerem, que a Academia é uma instituição útil e que dela muito pode esperar a intelectualidade brasileira.

Paulo Barreto inaugurando o uso do fardão da Academia Brasileira de Letras, 12 ago. 1910. Acervo da Academia Brasileira de Letras.

Recepção de Paulo Barreto na Academia Brasileira de Letras, *Careta*, 1910, n. 116, p. 17. Acervo da Fundação Biblioteca Nacional.

15

30 de agosto de 1910

Há poucos meses, estando em uma importante fazenda do estado de São Paulo, a dois dias da capital, ouvi, em resposta a uma das minhas curiosidades, afirmar que em geral os colonos só se casam religiosamente, evitando por ignorância e por economia o casamento civil. O fazendeiro que me hospedava tinha um trabalho louco cada vez que sabia de um casamento na colônia para convencer os nubentes a se unirem civilmente antes de o irem fazer aos pés do altar católico.

E aos olhos dos colonos esses conselhos não poderiam parecer suspeitos de ateísmo ou perversão religiosa, porque todos eles sabem que o patrão tem capela em casa, onde, uma vez ou outra, o sr. vigário vai dizer missa e dispensar, aos moradores da propriedade ou dos arredores, os santos sacramentos do batismo e do matrimônio. Somente como o fazendeiro não admite que tais atos se cumpram em sua presença e em sua casa, sem as prévias formalidades da lei, que assegura à família brasileira todos os seus direitos e privilégios, os noivos dispensam-se da honra de casar na fazenda e vão à cidade mais próxima pedir a qualquer sacerdote que os una para toda a vida. Não podendo, pelos princípios da sua educação, prescindir do ato religioso e ficando-lhes o casamento em duplicata mais caro talvez uns quarenta mil-réis, pela necessidade de alguns documentos que muitas vezes só se podem obter nos seus países de origem, os colonos contentam-se com as bênçãos da igreja, sem pensar nas responsabilidades futuras para com os seus próprios filhos, nem nas prerrogativas, que para todos os efeitos civis lhes concedem as leis do país em que vivem.

Acontece, não raramente, que, passado o primeiro período de ebriedade no casamento e desfeita a ilusão de um amor enganoso, o marido velhaco ache no fundo do seu espírito argumentos que lhe provem que o laço que o uniu para *toda a vida* à sua pobre companheira, na igreja do povoado, da vila ou da cidade, é um laço frouxo, que ele pode desatar logo que se queira escapulir! E quantos, por todos esses sertões do Brasil, têm abandonado as esposas, depois de fruírem as doçuras de uma lua de mel mais ou menos demorada, deixando-as na perplexidade de uma situação inqualificável, dolorosa e sem remédio! Levanta-se então o alarma na família.

Os pais da noiva, tendo de recebê-la de novo em casa, às vezes já com um filho no ventre ou nos braços, desesperam-se por não terem exigido que o casamento se tivesse efetuado com os rigores da lei...

A dor da experiência prova-lhes o que a sua falta de educação cívica e a sua indisciplina não lhes tinham deixado ver na hora da previsão: mas então o mal já não tem remédio e é aguentar com as consequências da sua ignorância e da sua estupidez, com ombros resignados. Dizem haver muitos marotos que pelos confins dos nossos estados menos cultos se entretêm em exercer este gênero de *sport* amoroso e perverso, deixando por onde passam esposas e filhos abandonados e atônitos. Está claro que para essa espécie de indivíduos a exigência do casamento civil é, a par de uma iniquidade, uma ofensa ao nome de Deus!

Uma lei, creio que decretada pelo governo provisório, impunha a obrigatoriedade do casamento civil antes de ser realizado o religioso. Nenhum sacerdote, fosse qual fosse a religião que representasse, poderia, jamais, unir duas criaturas, sem que essa união tivesse sido antes legalizada pelo pretor. Era uma medida prudente, uma medida sábia, uma medida necessária no nosso país, nada ofensiva da religião e protetora das noivas menos atiladas ou demasiadamente confiantes.

Contra esse decreto previdente levantou-se enorme gritaria, não já entre fanáticos da religião, mas entre os fanáticos da liberdade, como se nas sociedades fosse possível a liberdade sem limites e sem contraste. O fanatismo republicano dos primeiros anos da República e o fetichismo da Constituição inflaram as bochechas e descarregaram os pulmões sobre o ministro que decretara a lei, e de tal modo vociferam que o governo recuou e a lei foi revogada – se não me engano, e os sacerdotes de todas as religiões ficaram com a liberdade maléfica de constituírem famílias fora da lei, desamparadas de todas as garantias, desprotegidas de todo o direito. Deste modo se salvaram os princípios, é verdade, mas se prejudicou enormemente a sociedade nos seus próprios fundamentos, na sua própria base, que é a família.

Mesmo sem ter havido desunião entre eles, há muitos maridos e há muitas mulheres que, sendo casados religiosamente, sem o recurso da lei, e, vendo-se mais tarde esclarecidos sobre as vantagens que lhes proporcionaria uma condição de vida legalizada, quer em face dos interesses dos filhos, quer de outros negócios de família, como transmissão de propriedades, heranças, etc., sentem-se dispostos a corrigir o ato de imprevidência do passado mais ou menos remoto, sujeitando-se a multas e ao cumprimento de um ato, que fora do seu tempo pode ser considerado maçador. Se entre esses casais haverá alguns que podem pagar até multas avultadas, há muitos, e é a maior parte, que são paupérrimos, pela simples razão que, mesmo por serem pobres, foi que em tempo oportuno evitaram o casamento civil... A essas pessoas será utilíssima a medida proposta há dias pelo sr. dr. Francisco Bernardino, diretor da repartição de estatística, de facultar pelo preço de mil-réis a execução de casamentos retardados, em todas as pretorias de todos os municípios do Brasil. Essa proposta, reveladora de um espírito observador e competentíssimo no assunto, vem, sendo aceita e posta em prática, corrigir muitos desastres e atenuar milhares de preocupações que fervilham de norte a sul por todo este Brasil. É de um enorme alcance social.

***

Deixando as regiões da política administrativa, ouçamos um momento a voz bem nacional e dolente deste instrumento saudoso, inventado pelas mãos da Noite maravilhosa, na hora em que as suas estrelas têm mais brilho, o seu ar mais aroma e o seu luar maior intensidade e doçura... Sim, porque o violão não é criação humana. A guitarra de d. João foi feita pelo amor, para chamar donas e donzelas a varandins e ao pecado. O violão, fê-lo a Noite, para a poesia e para o sonho, fê-lo só para ela, que toda se queria embeber da maviosa harmonia das suas cordas prodigiosas... harmonia simples, como as águas claras das fontes enluaradas, doces, como a voz dos pássaros adormecidos, e enamoradas como os beijos de Romeu na face moça e linda de Julieta... Quando o primeiro violão caiu nas mãos do primeiro trovador, a alma deste se sentiu ligada à natureza por um vínculo inquebrantável e misterioso: o vínculo do som, que leva a alma ao infinito e fá-la compreender todo o universo em uma parcela de minuto...

Mas este violão de que vos falo, guardando os seus segredos de nascença, aprendeu muitos mais, de modo que, servindo aos intuitos da Noite amorosa e evocadora, ele interpreta ao mesmo tempo as graças e gentilezas das sociedades humanas! Ouvi-lo em um *minuete*[38] é ver girar em voltas airosas, em um nimbo de pós de arroz e de essências finas, umas tantas figuras a Luiz XV, bran-

---

38 Em francês (*menuet*), "minueto". Segundo o dicionário Michaelis, trata-se de uma música "em compasso ternário, que passou a ser um dos movimentos de sinfonias e quartetos de cordas". Na França do século XVII, essa música era acompanhada de uma dança de mesmo nome, caracterizada pela elegância de seus movimentos. (N.E.)

cas, azuis e cor-de-rosa, salpicadinhas de flores e laços de veludilho... Começa a *gavotte*[39] e aí vemos os *parquets*[40] encerados, os madrigais ditos a meia-voz, as cortesias profundas... mas logo após vibra no violão... quê? Uma marcha militar! Parece incrível, uma marcha militar ao violão! Pois já lá estão enfileirados os homens do regimento, fazendo vibrar cornetas, rufar tambores, soar tacões compassadamente no chão de estradas em que vão marchando, marchando, marchando, até se unirem muito ao longe, enviando-nos de distância um fio tênue de som, trazido pela aragem... E o mesmo violão geme agora nas lembranças do sertão uns queixumes repassados de nostalgia e sentimento campesino ou goteja as notas com a cristalina frescura de pingos de água caindo compassadamente, brilhantemente, sobre um roseiral em flor. E em tudo isto ele é bem nosso, bem brasileiro, este violão a que o sr. Castro Afilhado confia os segredos

---

39 Em francês, "gavota". Segundo o dicionário Michaelis, "composição instrumental francesa, de origem campesina, em compasso binário, que esteve em voga nos séculos XVII, XVIII e até meados do século XIX". Também se refere à "dança popular executada ao som dessa composição". (N.E.)

40 Em francês, "parquês" ou "parquetes". Segundo o dicionário Michaelis, "revestimento de piso feito de tacos de madeira que, assentados, formam diferentes desenhos geométricos". (N.E.)

da sua inspiração musical! É justo que por isso eu lhe bata daqui as minhas palmas.

***

E agora uma palavra aos senhores médicos, que tão estranhamente interpretaram as palavras escritas por mim sobre a morte de Carmen Dolores.

Até fiquei arrepiada quando li que em uma sessão da Sociedade de Medicina e Cirurgia afirmaram que eu tinha acusado alguém, que, aliás, nem sei quem é, de haver assassinado por grandes doses de morfina a minha colega. Quem me tivesse lido com atenção não poderia imaginar semelhante coisa. Se aludi a uma dose, e não doses, de morfina, ministrada à moribunda para lhe atenuar o horror do passamento, foi para acentuar, com esse fato, o grau de resistência do espírito da escritora e o seu amor à vida.

Em todo caso, fique consignado aqui o meu desejo de ter à minha cabeceira na hora extrema um médico bastante piedoso para me fazer a mim o que o médico de Carmen Dolores lhe fez a ela: deixar-me morrer dormindo...

16

20 de setembro de 1910

Mudar o nome do largo da Carioca?! Protesto.

Com que direito? Com o que me dá o meu título de carioca da gema, o qual, se não confere a mim a mesma autoridade que a outra qualquer pessoa conferem, por exemplo, os títulos de intendente, deputado ou senador, é de algum modo também, pelo menos neste assunto, representativo da vontade popular. Porque, podem crer, aqui onde estou, dentro das quatro paredes da minha sala de trabalho, eu adivinho que absolutamente ninguém nesta leal cidade tomaria a sério outra qualquer designação, fosse ela qual fosse, para aquele ponto da cidade, seu verdadeiro coração, onde um chafariz tradicional jorra, de não sei quantas bicas, a água deliciosa do aqueduto histórico da

Carioca. Não se quebram tradições respeitáveis e afetuosas, como se quebram bugigangas de vidro. Por mais que pareça inerme um nome legado a coisas impassíveis por gerações extintas, a verdade é que pelo hábito de o repetirmos e de o ouvirmos durante largos anos ele adquire como que uma força viva, um prestígio pessoal, qualquer coisa de carinhosa e de estranha psicologia.

As cidades têm alma.

As próprias pedras das ruas embebem-se dos segredos das multidões que as pisam. E tanto no ponto que nos interessa agora, elas parecem ter uma vontade própria e uma opinião muito segura do seu caráter, é que muitas vezes repelem os nomes com que os homens lhes batizam as ruas ou as praças recentemente construídas, para aceitarem outros nomes que esses mesmos ou outros homens lhes dão depois e com que se eternizam na relativa eternidade da civilização moderna...

Não sei se o largo da Carioca teve primitivamente outra designação. Se teve, essa não exprimiu com certeza bem o seu tipo, e a prova é que ninguém a conhece e ela existirá agora apenas dentro do inesgotável tinteiro do ilustre mestre dr. Vieira Fazenda. Entretanto, Carioca, nome fácil, curto, bem soante, indígena, que estala como um beijo atrevido, adequou-se perfeitamente à sua índole, e tanto lhe dizia bem no seu tempo de fealdade, em que o Jardim Botânico nele despejava as ondas dos povos habitantes de Botafogo, como lhe diz bem agora, que ele, asfaltado, iluminado a eletricidade, florido como uma cesta de noivado e circundado de prédios luxuosos, se vê transformado, fisicamente, em uma das mais belas praças da cidade. Há pessoas que mudam de gênio conforme o traje que vestem; mas as cidades são mais honestas: mesmo transformando-se para melhor, enriquecendo-se, tornando-se mais garridas ou mais suntuosas, guardam sempre no seu íntimo um fio de amor inquebrantável e translúcido aos tempos da sua origem. Ai das cidades que não têm caráter. Elas são completamente desinteressantes, mesmo aos olhos dos estrangeiros que as visitem de passagem. Porque, parece impossível, mas essa coisa que não se vê salta aos olhos de quem quer que tenha um pouquinho de espírito e de observação! O ambiente; as fachadas das casas; as agulhas das torres; os mostradores das lojas; o modo por que estão abertas ou fechadas as janelas; tudo tem entre si uma relação especial, curiosa, encantadora e que toda se harmoniza com o tipo do povo e a natureza do seu país.

Os habitantes da cidade, principalmente os que nela nasceram ou nela foram educados de pequeninos, concretizam essas impressões nos nomes das ruas e das praças que lhes são mais familiares.

De modo que mudar um nome já muito popular é, além de uma heresia e um desrespeito pelo povo, uma inutilidade. O largo da Carioca será sempre o largo da Carioca, como a rua do Ouvidor é a rua do Ouvidor, a rua da Quitanda é a rua da Quitanda e a desmembrada rua dos Ourives[41] é ainda rua dos Ourives! O povo levanta os ombros indiferente a certas homenagens e continua, com o direito do hábito e da amizade que o próprio hábito sugere, a chamar as coisas pelo nome por que as conhecia, já de tradição.

Acredito mesmo que o próprio marechal Hermes da Fonseca,[42] cujo nome querem que substitua o da praça citada, todas as vezes que tiver de aludir a ela a designará instintivamente pelo seu nome antigo...

Já uma vez, a propósito da mania de porem nomes de homens a estações de estradas de ferro, eu disse aqui tudo quanto sentia a esse respeito. E era com pouca diferença a mesma coisa. Na minha opinião as ruas e praças públicas, para gozo e uso do público, que não se pode exi-

---

41 A autora se refere a essa rua dessa forma porque, com a abertura da avenida Central, a rua dos Ourives foi dividida em dois trechos: o primeiro, entre as ruas São José e Sete de Setembro, a atual rua Rodrigo Silva; e o segundo, entre a rua do Ouvidor e o largo de Santa Rita, a atual rua Miguel Couto. (N.E.)

42 Presidente da República (1910-1914). (N.E.)

gir que seja todo de uma só opinião, deveriam ter nomes impessoais e curtos.

O nome curto é sempre vantajoso, quer como estética para os letreiros, quer como economia de tempo e de dinheiro para os endereços. Em Nova York adotaram praticamente números em vez de nomes de avenidas; não sei se haverá em alguma cidade vinte e cinco ruas que representem as vinte e cinco letras do alfabeto, mas se há, aí estão vinte e cinco endereços fáceis de escrever e de balbuciar. Sim, porque é com certeza muito mais elegante e muito mais cômodo dizer: "Moro na rua A ou na rua Z", do que murmurar em um oferecimento muitas vezes apressado, embora amável, "Moro na rua 'do Chefe de Divisão Salgado'",[43] ou qualquer outra assim. E aqui temos um exemplo favorável à minha argumentação.

Antigamente esta rua era chamada apenas do Cassiano; há não sei quantos anos já, passou a ser chamada: rua do Chefe de Divisão Salgado, e, entretanto, embora toda a gente ignore quem foi esse Cassiano, e saiba quase toda a gente quem foi o chefe de divisão Salgado, o caso é que ainda a primeira designação é a que prevalece.

Não sei se o presidente da República que remodelou e transformou esta capital tem o seu nome em alguma das

---

43   Atual rua Hermenegildo de Barros, no bairro de Santa Teresa. (N.E.)

suas ruas ou das suas praças; se não o tem, não será desse modo que o Rio de Janeiro lhe pagará a enorme dívida de gratidão que tem para consigo. Pensando bem, essas homenagens, quando principalmente feitas a homens políticos vivos, são muitas vezes perigosas e indiscretas. O vendaval da política transforma muitas vezes o homem adulado no homem perseguido; e, quando isso acontece, não falta infelizmente quem procure destituí-lo de pequenas glórias antes conquistadas. Se não houvesse outras razões menos sentimentais e mais práticas, esta bastaria para que os poderes competentes dessem às ruas e praças da cidade nomes impessoais, ou só dos grandes homens já mortos.

Em todo o caso, se o desejo de prestar por esta forma homenagem ao sr. marechal Hermes da Fonseca é muito veemente e inadiável, deem o seu nome a uma das praças ou das ruas novas de um bairro próspero, e deixem as da cidade central e comercial àqueles por que há tantos anos são conhecidas.

E antes de passar a outros assuntos, gostaria que alguém me respondesse a esta pergunta ansiosa: que medidas está tomando o Brasil contra a invasão possível do cólera? Ele está na Itália... e a Itália é um país com o qual já temos relações tão íntimas!

Oh, só a terrível ideia dessa moléstia é de fazer enregelar o ânimo mais ardente e mais forte.

E eis aí uma preocupação bem grave, bem absorvente e que deve estar obumbrando a ventura das autoridades competentes e superiores.

Mas deixemos de parte a maldita peste asiática, que não virá ao Brasil, para antes cumprimentar daqui, com o alto apreço que o seu talento inspira, o ilustrado romancista português Abel Botelho, que se acha há alguns dias nesta capital.

Os olhos observadores e penetrantes do autor de tantas obras originais e ousadas, como ainda esta última, *Próspero fortuna*, que acabei de ler, perceberão nesta cidade mais alguma coisa do que geralmente veem os viajantes, mesmo ilustrados, mas que não são artistas. O Rio apresenta quadros de um pitoresco e de uma beleza inéditos. O pintor José Malhoa disse-me dela, com ar de surpresa e muita sinceridade:

– Mas é uma cidade cheia de assuntos!

E, entretanto, nós, de casa, vivemos a afirmar o contrário...

***

E, a propósito de artistas, eu falaria com vivo prazer agora aqui da exposição de Aurélio de Figueiredo, exposição que sei, por informações insuspeitas, apresentar quadros de uma fatura nova e um efeito delicioso, mas que o meu estado de saúde não me permitiu até agora ir ver. Mesmo assim, não quero deixar de transmitir a estas curtas linhas o desejo de que essa exposição, que é a primeira que, depois da sua volta da Europa, o ilustre pintor brasileiro faz no Rio de Janeiro, seja visitada e compreendida pela nossa sociedade.

Largo da Carioca, [1906], foto de Augusto Malta. Acervo da Fundação Biblioteca Nacional.

17

27 de setembro de 1910

Há uns cinco anos talvez, passeando eu um dia pela Quinta da Boa Vista, senti uma tal impressão de abandono e de tristeza, que não resisti ao desabafo da minha indignação e reclamei em um artigo socorro para aqueles lagos com mais lodo do que água; para aqueles jardins que desapareciam sob o mato e, sobretudo, para aquelas velhas árvores amigas, a cuja sombra crescia a erva daninha e em cujos braços se enredavam cipós e parasitas. O desenho do parque imenso, para a manutenção do qual era deficiente o pessoal do Museu, sumia-se sob os lençóis de gramão que se alastrava sem receio da enxada ou, o que ainda era pior, apagava-se esmagado pelas patas da cavalaria militar que percorria o parque a galope. Lamentando tal incúria, revivi naquela página apressada de jornal a figura doce e burguesa da nossa velha imperatriz, coxeando vagarosamente entre as suas damas de honor e as suas aias pelas extensas alamedas de bambus, agora tão devastadas, pisando um tapete de sombras movediças e de sol, ouvindo o marulho da água límpida entre avencas e fetos e vendo esvoaçar as nossas incomparáveis borboletas azuis, amigas desse recanto de sombras e de perfume... Incitando a conservarem nesse parque histórico, religiosamente, os pontos mais frequentados pelo imperador, o banco de pedra onde ele se sentasse, árvore sob a qual gostasse, nas frescas manhãs de primavera, de ir folhear o seu Virgílio ou traduzir o seu Horácio, enquanto no alto zumbissem abelhas na fabricação do seu doce mel ou cantassem cigarras estridulamente dentre os florões rubros dos flamboyants vizinhos, eu alimentava a esperança de que o meu grito de súplica fosse ouvido e levada a salvação a essas plantas, antes bem tratadas que se finavam agora de fome e de sede...

Mas nem assim. Seria, contudo, feia ingratidão dizer que esse meu artigo não tivesse tido uma resposta. Teve-a: anônima, não me lembro em que folha, mas sei que essa resposta não era simpática às minhas opiniões... Todavia, mais vezes, sob vários pretextos, clamei pelo aproveitamento dessas alamedas umbrosas, verdadeiro refúgio e oásis para os moradores de São Cristóvão.

A sombra das grandes árvores forma-se tão lentamente, que seria uma barbaridade desaproveitar aquelas! Mas, bem diz o povo: não há nada como um dia depois do outro! O que eu pedia para então fez-se agora e nem por isso o meu júbilo é menor, tanto mais que isso veio acoroçoar outras velhas aspirações já muito repetidamente manifestadas. Quer dizer que, assim como vi realizado o aproveitamento da Quinta da Boa Vista, e vi efetuadas exposições de flores e batalhas de flores, pelas quais me bati no tempo em que tais empreendimentos parece que eram considerados como coisas fúteis e sem nenhum alcance moral, científico nem comercial, assim espero ver bem organizada a defesa das nossas orquídeas, tesouro que esperdiçamos estupidamente, sem pena nem cuidado, e assim espero ver pimpão, engrinaldado de terraças, de acácias e de palacetes, este nosso triste e andrajoso morro de Santo Antônio!

Coitado. Todo ele se enruga e envelhece em sulcos fundos quando as chuvas torrenciais lhe arrastam para a cidade baixa o barro vermelho da sua crosta. É como se o sangue lhe escorresse da epiderme ferida em grandes lanhos. Até faz pena ver. Se vem uma epidemia, do que Deus nos guarde, ai dele! Aquela pobre gente que ali se aglomera, sem água, sem esgotos, sem conforto, será devorada de uma só vez, como uma pedra de açúcar por um elefante!

Este assunto deve estar prestes da sua solução. Será naturalmente, pela sua importância, um dos primeiros cuidados do futuro prefeito. Agora, quanto ao das orquídeas, mal posso imaginar quando e o que se fará por elas. E, entretanto, temos nesta remodelação de jardins ocasião de as proteger contra a ganância do estrangeiro e o seu bom gosto...

Em outros tempos, em que os poderes públicos não perdiam o seu precioso tempo cogitando sobre a sorte dessas joias das nossas florestas, de que os espécimes mais raros iam encaixotados para a Europa, sem que nem ao menos tivéssemos o direito de exigir dos exportadores uma simples muda dos exemplares que expediam – por que pedir, para quê, e com que direito? –, escrevi sobre a vantagem de organizarem os colecionadores de orquídeas no Rio de Janeiro uma sociedade, obrigando-se a exposições permanentes e a grandes culturas dessas flores delicadas; sociedade que tivesse correspondentes em todos os estados e adquirisse o direito de não deixar sair do Brasil senão exemplares, vulgares ou repetidos, de orquídeas, procurando por todos os meios desenvolver a produção das mais belas e mais raras.

Em Londres, em Berlim, em Paris e em outras grandes capitais do velho mundo encontraria a seu tempo a sociedade excelente mercado para os produtos repetidos das suas coleções, e, entretanto, o nosso pavilhão de orquídeas seria, com certeza, principalmente nas épocas da sua melhor floração, uma das mais finas e mais belas curiosidades do Rio de Janeiro.

Não estive sozinha nesta pretensão. O sr. Sidney Barnett aventou, no *Jornal do Commercio*, por esse tempo, a ideia de se fundar no Rio de Janeiro um suntuoso jardim de orquídeas que seria, no gênero, o único do mundo e que, além das vantagens científicas e artísticas, insuflaria com justiça a nossa vaidade. Escrevi acerca desse projeto com entusiasmo, lembrando-me de ter dito aos nossos colecionadores que "não é cultivando só para regalo egoísta, em jardins que ninguém vê, umas tantas variedades de orquídeas, que eles podem demonstrar paixão por essas flores curiosíssimas. Essas concentrações merecem mais o título de manias, em que não figura senão o interesse pessoal. O entusiasmo induz à propaganda e à difusão."

Se não me falha a memória, o sr. Barnett lembrava o Jardim Botânico para a realização da sua ideia – que tem agora oportunidade de espanejar-se ao sol.

Assim como nas estufas de Kew Gardens[44] vi maravilhosas orquídeas brasileiras que jamais contemplei no

---

44 Também conhecido como Reais Jardins Botânicos de Kew, é um jardim botânico localizado no sudoeste de Londres que abriga as maiores coleções de jardins, arboretos e estufas do mundo. Fundado em 1840, ele

Brasil, orquídeas dos estados do norte e dos estados do sul, por que não conseguiremos vê-las em lugar público no Rio de Janeiro?

Mas ainda a questão principal não é esta. A questão principal é conseguir-se o meio de conservarmos no país, e de os reproduzirmos, os exemplares mais ricos, mais belos e mais raros dessas flores.

Afinal, o caso talvez não seja tão difícil como à primeira vista parece.

**

O que é difícil, o que é mesmo impossível, a não ser que se tenha nascido já iluminado pela centelha divina do talento, é escrever-se um livro que reproduza com tamanho sentimento de verdade a alma das coisas e a das criaturas humanas, como este romance de Xavier Marques, intitulado *O sargento Pedro*.

Desde a primeira página que o leitor sente nos seus períodos a sinceridade de um espírito apaixonado pela sua arte e pela natureza da sua terra praiana. Todo o livro

---

já foi tema de um conto de Virginia Woolf (1882-1941), o "Kew Gardens" (in *Contos completos: Virginia Woolf*, trad. Leonardo Fróes, São Paulo: Cosac Naify, 2005).

cheira a mar, é varrido pelos ventos do oceano, iluminado pelas espumas das ondas prateadas ou pelo seu largo fulgor azul. O seu estilo é claro, é simples e é pitoresco e tão empolgante, que, lido o primeiro capítulo, o leitor deseja ir sem interrupção até o fim. A Bahia tem razão de se orgulhar de tal escritor, como nós temos razão de orgulho por ser o nosso país, entre tantos países onde a arte é mais estimada e bem recompensada, o escolhido para habitação de um artista como Julião Machado, de quem vi ontem uma comédia, na *matinée*[45] do Municipal. A comédia é tudo quanto há de mais despretensioso, mas o assunto, de pura fantasia, é apresentado com tanta naturalidade, com tanta ciência das proporções desenvolvido, tão leve, tão gracioso e tão singelo, que revela desde as primeiras cenas um ótimo escritor de teatro. O bom humor de todo aquele excelente ato mantém constante nos espectadores um sorriso satisfeito que por vezes se dilata e explode em riso franco, nas crises da situação das personagens e no momento dos seus frequentes ditos de espírito. O caricaturista filósofo que é Julião Machado atenua-se no escritor leve e desopilante da *Influência atávica*. É uma comédia escrita com o lápis do caricaturista, risonho e

---

45 Em francês, "matinê". Apresentação de espetáculos realizada no período da tarde. (N. E.)

amável, sem nenhum dos amargores do filósofo nem das impertinências do censor. O episódio decorre sereno, e o ridículo da estranha situação não esmaga nem fere a vítima resignada, que a aceita com paciência a princípio e que termina por considerar-se feliz com o resultado da aventura, em que entrara sem vontade nem consciência.

Como somos ainda, neste início balbuciante de civilização, um país sem curiosidade e um povo sem o culto dos homens notáveis, que o honram com o seu talento e o seu espírito, não estranhei que a nossa capital tivesse deixado o Theatro Municipal quase vazio, quando nele aparecia como escritor dramático, aliás já provado em outra comédia de sucesso, um artista como Julião Machado, que deveria, por tantos títulos brilhantes, ser querido da nossa sociedade.

Um povo que não ama os seus poetas, os seus escritores, os seus artistas, faz-me pena. É que não alcançou ainda o grau de civilização em que as sociedades chegam a compreender o que devem a esses infatigáveis e desinteressados trabalhadores do pensamento.

Tenho pena, mas bem sei que não pode ser de outro modo. Em que idade atingirão as nações sua maioridade?

Isso leva tanto tempo!

***

Acabo de ler n'*O Paiz*, de hoje, segunda-feira, que o sr. Sebastião Rios desenvolveu mais amplamente o assunto do meu artigo da semana passada sobre a nomenclatura das ruas. Apoiado. Se me fosse permitido, pediria ao mesmo brilhante colaborador desta folha que desenvolvesse ainda o mesmo tema das nomenclaturas absurdas de povoados e estações das nossas estradas de ferro, as quais com o tempo se desdobram em vilas e cidades, que vêm a ter nomes de cidadãos obscuros ou notáveis, mas que devem ver os seus nomes glorificados por outras formas.

Também já discuti este assunto, mas até agora tal discussão não teve nenhum efeito. Venham, portanto, outros e outros combater nestas pequenas campanhas, que são, às vezes, muito mais importantes do que parecem.

18

4 de outubro de 1910

Nunca o tempo teve asas tão velozes como nesta primeira dezena do século XX. Mal se tem vagar para formular um pensamento e menos ainda para escrevê-lo.

Dir-se-ia que as nossas próprias ideias, na alucinação do movimento moderno, nos atravessam o cérebro como os automóveis imprudentes atravessam as avenidas da cidade: em fuga vertiginosa. E se o próprio pensamento, na impaciência desta febre que nos devora, escapa ao labor intelectual da escultura que lhe dê corpo, a sua enunciação pela palavra escrita é ainda mais difícil de realizar; não só porque a grafia, [ilegível] a que com mais espontaneidade e exatidão reproduza uma ideia bem clara e bem definida, é sempre uma operação material relativamente lenta, como porque muitas vezes da cabeça, onde ele nasce, ao bico da pena, de onde ele escorre, o pensamento acha jeito de assumir expressões variadas e desorientadoras que obrigam quem escreve a maiores torneios e peregrinações. E quando por acaso não se esteja disposto a tais rodeios, perdem-se instantes que parecem horas na tactura da verdade primitiva, querendo em vão apresentá-la, na sua nudez de nascimento, livre dos enfeites com que o estilo a mascara.

Foi para livrar o gênero humano desses terríveis embaraços que um espírito prático pôs em circulação na França, se o cronista de *Les Annales* não caçoou com o público, como a mim me parece, uns cartões-postais para uso dos viajantes, em que no lugar das paisagens, ou dos retratos, vem um certo número de frases alinhadas por ordem, marcando o expedidor as que lhe convierem com um rápido traço de lápis:

Ai fait bon voyage
Je me sens fatigué, etc.[46]

---

46   Em francês, "Fiz uma boa viagem", "Me sinto cansado". (N.E.)

que traduziremos em outros bilhetes-postais do mesmo gênero com as mesmas expressões costumeiras em tais circunstâncias:

"Cheguei extenuado"

"Central péssima!"

"Balanço noturno impediu-me dormir"

"O barulho do trem ensurdeceu-me"

"A poeira ia-me sufocando"

"Mogiana desfez-me o fígado"

"Dinheiro não chega para nada"

"Hotel sem conforto"

"Má alimentação"

"Apesar de tudo estou vivo"

"Saudades de casa", etc., etc.

Até agora a carta particular era o recurso dos espíritos ávidos de desabafo literário.

Quem não tinha público, tinha ao menos um amigo a quem comunicar com mais ou menos sinceridade as suas opiniões.

Hoje, na pressa da vida moderna, essa própria vaidade espiritual desapareceu. Tudo se faz de relance e de assalto, no anseio de gozos materiais e de confortos práticos que regalem o corpo. Não há tempo nem para redigir postais! E tanto mais essa febre aumenta de intensidade e o egoísmo humano mais franca e imprudentemente mostra ao mundo inteiro a sua face devoradora, quanto mais sublime nos parece a figura de um ou outro homem, que a todas as tentações da sociedade que o cerquem prefira o isolamento, o sacrifício do estudo continuado por amor da humanidade, como este dr. Ehrlich, que é um santo, absolvedor de pecados, redentor de almas desesperadas, reformador de ruínas. Todo o seu trabalho feito no silêncio, em longos anos de experiências, de lutas ignoradas e com certeza formidáveis, é um trabalho que varre de uma só rajada de toda a superfície da Terra uma das suas dores mais tenebrosas e devastadoras.

Quem leu na *Notícia* do dia 30 a interessantíssima *interview* com o ilustre médico dr. Hilário de Gouveia sobre a maravilhosa eficácia das aplicações do 606 no hospital da Gamboa, informações insuspeitas e positivas, se não sentiu vibrar dentro de si um extraordinário jubilo, é porque era absolutamente destituído de ideias e de coração.

Mas deixemos o caminho do hospital e tomemos o do belo palácio Guanabara, que na última quarta-feira ficou repleto de gente elegante e distinta por vários títulos, que foi apresentar ao ilustre dr. Leopoldo de Bulhões os cumprimentos pelo seu aniversário. A recepção foi evidentemente política; mas o baile foi acentuadamente mundano. As classes comercial e industrial do país quiseram demonstrar ao ministro, que por meio do câmbio tem regulado as condições do mercado, o seu apreço, a sua gratidão e o seu apoio à ação governamental do diretor supremo das finanças; e a sociedade fluminense convidada quis apenas significar ao cavalheiro amável, que é o sr. Bulhões, a sua estima e simpatia pela sua pessoa.

Eu nada, mas absolutamente nada entendo de câmbios nem de balanças comerciais, mas sei que entre os figurantes do poder o sr. Bulhões é um homem à parte, pelas qualidades especiais do seu temperamento, da sua educação democrática, da sua simplicidade nativa, que ele não disfarça nunca no mais imperceptível gesto de pose. Nele o homem é transparente como o cristal e dir-se-ia vexado pelas posições a que o tem elevado o seu real merecimento, se a singeleza do seu trato e a delicadeza das suas maneiras não revelassem que a sua singeleza é natural e não estudada e que o seu modo tão singularmente acolhedor provém da própria estrutura do seu caráter e das suas qualidades afetivas. No poder ou fora do poder o sr. Bulhões é sempre um fino homem do povo, e não admira por isso que seja estimado e querido por tudo quanto o povo tem de mais fino e de mais genuinamente representativo. Foi o que se verificou na linda festa da última quarta-feira no belo palácio Guanabara.

***

A propósito de aniversários de homens do poder, leio nos jornais que o sr. presidente da República se empenhou com os senhores ministros da Guerra e da Marinha porque não lhe foram apresentados no dia do seu aniversário cumprimentos coletivos, como, parece, estava deliberado. Muito bem.

É mais um traço da orientação democrática do operoso presidente. É sabido que no império esses cumprimentos eram obrigatórios, por serem dias de grande gala oficial os dos aniversários dos imperantes e de pequena gala os dos príncipes.

Era uma praxe profundamente aristocrática, incabível e absurda em um regime republicano e em uma República absolutamente democrática como a nossa, que, nisso ao menos, leva grande vantagem a muitas outras do velho e do novo mundo. Neste mesmo sentido tem havido várias demonstrações do atual presidente; e os seus próprios desafetos terão de lhe reconhecer cedo ou tarde este escrúpulo pela pureza do regime. As datas íntimas devem ser íntimas completamente, e a mim já me parece um mau costume este de darem os jornais, cotidianamente, notícia do aniversário de toda a gente em listas gerais e das pessoas gradas em nota especial. Quanto a mim tenho horror a isso e confesso que nos dias em que na intimidade do meu lar os que me amam e me rodeiam celebram as datas felizes da minha vida, só me são inteiramente agradáveis as saudações das pessoas que delas se lembram espontaneamente, sem necessidade de aviso público pelos jornais.

Ao sr. Nilo Peçanha não faltarão amigos que sinceramente lhe levem cumprimentos pelo seu aniversário e ele fez muitíssimo bem com pedir que não se restabeleça o beija-mão coletivo das forças armadas da Nação, que já era um mau costume em outras eras e que seria agora um vexatório disparate. Nem por isso os oficiais ou soldados de terra e mar, que pessoalmente estimarem o presidente, ficarão privados de lhe levar ou enviar cumprimentos nas datas memoráveis da sua vida particular.

O sr. Nilo Peçanha parece-me que está pondo em execução o conselho dado pelo eminente sr. Joaquim Murtinho: "É preciso republicanizar a República."

19

1 de novembro de 1910

Em um destes últimos dias tomou lugar em um bonde da companhia Vila Isabel uma pobre senhora sexagenária, de modo tímido e trajes modestíssimos.

Não conhecendo bem o bairro para onde se dirigia, pediu ao condutor que a instruísse e guiasse de modo a fazer parar o bonde no ponto mais próximo de uma certa rua interior, cujo nome me escapa. Mas o condutor, coitado, estava nas mesmas circunstâncias: ignorava por completo a existência de tal rua, prontificando-se, entretanto, para, por sua vez, ir pedir ao motorneiro que os elucidasse. Mas, coitado do motorneiro, também ele estava imerso na mesma doce ignorância dos outros dois.

Em tais emergências, mais frequentes do que se pode imaginar, acontece quase sempre haver no bonde um passageiro providencial, que intervém gratuita e amavelmente na questão e esclarece tudo. Pois desta vez nem isso. Foi em vão que a pobre senhora relanceou o olhar interrogativamente por todos os companheiros de viagem. Ninguém lhe acudiu, e o bonde zunia por sobre os trilhos indiferentemente. Era evidente que aquela senhora não ia passear por mera distração, nem ia a uma visita superficial, destas que tanto podem ser feitas em um dia como em outro. O seu chapeuzinho ruço, os seus sapatos de lona pardos, a sua magra bolsinha de couro puído, informavam de que ela ia procurar alguém, talvez por sacrifício, certo por necessidade ou por dever.

Tal cena fez-me acudir à ideia a vantagem que haveria para o público se as companhias de bondes do Rio de Janeiro fornecessem aos seus condutores e motorneiros pequenos guias ou dicionários de nomes das ruas e praças de cada bairro a que eles têm de servir. O uso fácil dessa carteira portátil cortaria de uma vez qualquer embaraço de informação e esse dever de gentileza da companhia para com o público ficaria para sempre cumprido! Meditem os senhores diretores das empresas de viação neste alvitre que aqui lhes lembro e que é de fácil realização e pequena despesa, e tratem de adotar sem demora, na certeza de que prestam com isso um serviço, mais importante do que lhes parecerá talvez, à população da nossa capital. Qualquer condutor, folheando meia dúzia de vezes o pequeno dicionário de ruas e praças de um só bairro, ficará depressa com elas de cor para dar uma resposta rápida a quem lhe pedir uma informação; e, quando a sua memória for tão empedernida que se negue a esse trabalho, não lhe será penoso consultar na ocasião o seu livrinho para uma indicação positiva e indispensável.

O Rio é uma cidade enorme e onde o bonde tem a magna importância; tudo o que se fizer para melhorá-lo não é demais, porque talvez em nenhuma outra cidade do mundo ele tenha do público a concorrência e o favor que tem aqui. Vendo os sapatos velhos, o xale ruço, o rosto aflito daquela pobre senhora, prometi a mim mesma fazer-me sua advogada, embora a defesa da sua causa em nada lhe pudesse ter aproveitado na situação em que a vi. Para que tal situação não se repita é que, entretanto, escrevi estas linhas, que aqui ficam como sementes em um areal.

Por falar em sementes: gostei de ler, na semana passada, o que disse o *Jornal do Commercio* sobre a cultura das orquídeas em São Francisco da Califórnia.

Era aquilo mesmo que eu desejava para o Rio de Janeiro e em prol do que tenho gasto inutilmente a minha tinta! Os nossos colecionadores são de um egoísmo atroz, abafando no fundo dos seus jardins ou das suas estufas os exemplares das suas orquídeas mais raras ou mais lindas. Entre nós não há propaganda; não há viveiros, não há disseminação de gosto nem de interesse por essas plantas tão singularmente belas, tão singularmente expressivas e tão nossas!...

Arrelia-me, afinal, essa terra de São Francisco da Califórnia, perfumando-se com os laranjais que lhe dão fama universal, laranjais opulentos, filhos dos nossos humildes laranjais da Bahia, e agora ostentando o luxo magnificente de orquídeas, naturalmente nossas também, e que lá, engordadas por um tratamento especial e inteligente, são vendidas como joias, dando, ao mesmo tempo que dinheiro, fama e brilho aos jardins e às estufas dos parques americanos em que se trata da sua cultura e da sua vasta reprodução. Para isso não nos faltam jardins; podem fazer-se viveiros de orquídeas até nos cemitérios, onde, se já em todo o caso temos flores bonitas, ainda não temos iluminação à noite, nem nas aleias principais. Vi, na quarta-feira passada, pessoas que foram acompanhar um enterro a São Francisco Xavier voltarem para casa com os sapatos forrados de lama e os fatos encharcados. Chovia copiosamente. Fizera-se escuro antes das seis e meia da tarde. Os amigos do morto, no trajeto para o portão do cemitério, onde os aguardavam os carros, caminhavam ao acaso, afundando os pés aqui e ali, na terra empapada do chão.

Não sei se nas outras cidades do mundo há ou não há luzes no próprio recinto dos cemitérios; parece-me ainda assim que, não as havendo fixas, seria de bom aviso havê-las conduzidas pelo pessoal de serviço do próprio cemitério, em ocasiões como a que acabo de citar. A luz em nada perturbaria a paz dos mortos e seria sempre de boa vigilância à tranquilidade dos vivos. Bem sei o pavor que, em lugares muito menos sugestionadores, a treva infunde!

A estrada em que moro, por exemplo, não goza da claridade nem da mais tênue lamparina, apesar de estar no centro da cidade. O nosso lampadário é o firmamento. Quando o céu quer, a estrada branqueja a nossos pés; quando não quer, caminha-se às apalpadelas. Que acontece com tão delicioso sistema? Os soldados de polícia têm medo de fazer a ronda à mera claridade das estrelas e cá não vêm. De cada touceira de mato de um ou de outro lado do caminho esperam a cada momento ver irromper uma multidão de bandidos que os aniquilem. Assim, morrer por morrer, que morram os moradores do lugar!

Nós estamos resignados; à espera. Compreendemos a situação, que diacho! Não são só as criancinhas que têm medo do escuro... A treva está cheia de coisas desconhecidas e ameaçadoras... e seus mistérios!

Prefiro falar de claridades, referindo-me ao espírito luminoso da poetisa e cronista pernambucana Edwiges de Sá Pereira,[47] que acaba de regressar ao Recife depois de alguns dias de repouso entre nós. Repouso, a bem dizer, não. Enquanto esteve no Rio de Janeiro, esta senhora, que é também professora pública no seu estado, não cessou de visitar as nossas escolas municipais, estudando-as, em todas as suas práticas, com um interesse apaixonado e a ânsia de levar para a sua terra o exemplo de tudo quanto nelas viu de melhor. Já de há muito tempo esta escritora faz uma bela e corajosa campanha a favor da instrução pública em Pernambuco. É esse o assunto predileto das suas crônicas semanais.

Não pode haver nenhum mais patriótico. Não há de estar longe o dia em que os poderes do seu estado a ouçam com atenção e cedam às suas súplicas de reforma e criação do ensino primário na sua terra. E ela terá, então, o inefável gozo de ver triunfar a ideia por que se tem batido tão desveladamente, tão amorosamente!

---

47 Uma das pioneiras na luta pelos direitos das mulheres, como o direito ao voto e ao divórcio. Em 1920, tornou-se a primeira mulher eleita membro efetivo da Academia Pernambucana de Letras. (N.E.)

20

8 de novembro de 1910

Praza aos céus que esta anunciada banda de música de um regimento austríaco de infantaria, que, segundo li nos jornais, virá dar uma série de concertos no Rio de Janeiro, estimule o gosto e os brios dos nossos músicos militares no estudo dos seus respectivos instrumentos. Porque a verdade é esta: nesta cidade de jardins públicos ouve-se pouca música ao ar livre. Os coretos ficam às moscas. Nem sei para que se fizeram os coretos... talvez para afirmarmos a quem queira visitar-nos que o povo brasileiro adora a música. E, como música não é só esta apreciada música mecânica dos pianos automáticos que tanto nos seduzem; nem só a cênica; nem só a adaptada aos dizeres litúrgicos do cantochão, ou a do piano da nossa vizinha, forçoso é que tenhamos espalhados, aqui e além, por toda a imensa área da cidade, para delícia e regozijo do seu povo, estes tablados de concertos ao ar livre. E se eles estão, mesmo nos dias feriados, silenciosos e vazios, a culpa não é de quem os fez. A culpa não é de ninguém, porque o povo brasileiro adora a música. Conta-se mesmo por aí, nas mesas dos botequins, que um inglês um dia (não, desta vez não era um inglês, era um alemão), reservando uma semana para ver o Rio e contratando para mostrar-lho um *cicerone*[48] carioca, ouviu deste que nesta terra todos nascem com pronunciadíssima tendência para as artes, principalmente para a música.

O alemão arregalou os olhos encantado, também essa era a arte preferida no seu país; [*sehr schöne*]...[49] e ma-nifestou logo vontade, como bom tocador de trompa que fora em tempo em uma filarmônica de Stuttgart, de ou-

---

48 Em italiano, "guia". Essa palavra acabou sendo incorporada à língua portuguesa e, segundo o dicionário Michaelis, significa "pessoa ou pro-fissional que mostra aos turistas ou visitantes o que há de importante ou peculiar em uma localidade, oferecendo as informações necessárias; guia, guia turístico". (N.E.)

49 Em alemão, "muito legal". (N.E.)

vir um concerto de qualquer uma das nossas bandas, em qualquer uma das nossas praças públicas.

O *cicerone* respondeu-lhe logo amavelmente com um dos nossos habituais:

– Pois não...

E nessa tarde levou-o ao campo de São Cristóvão. O alemão queria ouvir a marcha do Tannhäuser e ele mostrou-lhe a fachada do Ginásio, o leão de mármore, o Asilo Gonçalves de Araújo.[50] Que benemérito, aquele Gonçalves de Araújo!

Um *cicerone* carioca, se não for dotado de muita imaginação inventiva, está perdido. Este devia ser fecundo. Entreteve o hóspede passeando entre os gramados do campo até à noite, e interpelado afinal sobre o silêncio e a solidão do local destinado à banda, respondeu que ali só havia música às quartas-feiras. Reparasse que era terça. Às terças só havia concerto de banda militar na caixa d'água do França, em Santa Teresa! Ficou esse prazer adiado para o dia seguinte, das seis às oito horas da noite, no parque da República.

---

50 Atualmente conhecido como Educandário Gonçalves de Araújo, uma das mais antigas instituições de ensino do Rio de Janeiro ainda em funcionamento. Fundado em 1898, no bairro de São Cristóvão, pelo português Antônio Gonçalves de Araújo. (N.E.)

O alemão gostou do parque; não houve palmo de terreno que o *cicerone* não lhe mostrasse com especial cuidado. A gruta então foi percorrida em todas as direções, por dentro e por fora, e o guia instruiu o estrangeiro sobre o apreço extraordinário consagrado pelos imperantes mortos a essa parte da cidade... e, quando, por fim, teve de explicar ao patrício de Beethoven a solidão e o silêncio em que jazia o coreto da música, fingiu também ele estranhar o fato, dirigiu-se em português a um guarda a quem perguntou que horas eram, e voltando-se muito contristado para o alemão, disse-lhe que o programa fora transferido e nessa tarde o concerto devia estar sendo executado no Jardim Botânico! Na impossibilidade de irem ao Jardim Botânico, já fora de horas, foram à Brahma, onde uns *chopps* gelados abrandaram a decepção da curiosidade musical do estrangeiro, que logo ali combinou ir no dia seguinte ouvir a banda dos bombeiros no Passeio Público.

Oh, a banda dos bombeiros! nem as famosas bandas húngaras; nem as de Berlim ou de Viena lhe poderiam ser superiores. Essa, se fosse dar concertos na Europa, poria boquiabertos aqueles povos! O alemão contentou--se com dizer:

– Veremos... julgarei amanhã...

E no dia seguinte embarafustou com o *cicerone* pelo Passeio Público. Foi em vão que o carioca procurou interessar o europeu pelos camarões do *aquarium*; foi em vão que lhe quis imprimir no cérebro a ideia do primitivo terraço do Passeio, até onde as ondas escuras vinham rebentar à noite, enchendo de vozes misteriosas e soturnas a doçura daquele recanto amável. Mas com isso pouco se importava o alemão. Zangou-se, por fim. Exigiu música. Perguntou avermelhando-se se estariam caçoando com ele.

O *cicerone* não se arreliou; tinha a consciência tranquila. Fizera já o viajante ver a Tijuca, o Corcovado, a Candelária, as avenidas, o Theatro Municipal e a Caixa de Conversão,[51] a Biblioteca e a Escola de Belas Artes.

Não era pouco; em todo caso prontificou-se a ir indagar qual a razão daquela anomalia de não haver nesse dia concerto da banda dos bombeiros no Passeio Público. Foi e voltou contristado. A banda tinha sido obrigada a ir tocar no enterro de um oficial superior. Que belas marchas fúnebres estaria ela executando àquela hora no cemitério do Caju!

---

51 A Caixa de Conversão foi criada em 1906 para sustentar o valor da moeda nacional no comércio externo face às dificuldades decorrentes da crise de exportação do café. Seu prédio, o de número 38, próximo à praça Mauá, foi um dos 115 construídos nos primeiros anos da avenida Central. Em estilo neoclássico, foi inspirado no projeto de Claude Perrault para a fachada leste do Museu do Louvre, em Paris. (N.E.)

De tal modo o *cicerone* se mostrava compungido por aqueles desencontros, que o alemão acabou por acreditar na sua sinceridade e, a par das qualidades de verdadeira sedução que observou no Rio de Janeiro, e de que fez menção no seu caderno de notas, registrou o entusiasmo do povo carioca pela música; entusiasmo tão delirante, que chega ao ponto de se contentar com os coretos vazios, para os concertos públicos!

***

Ora, eu não direi todas as tardes, como insinuava o *cicerone* ao alemão, mas nas das quintas-feiras, dias em que a pequenada das escolas públicas tem sueto, e nas dos domingos, em que o operariado folga, seria bem justo que os coretos dos nossos diferentes parques, da avenida e dos jardins dos arrabaldes tivessem música. A frequência dessas audições despertaria o nosso povo da sua apatia ou o animaria e distrairia das tristes preocupações do seu trabalho e seria para os músicos um incentivo de grande alcance.

Se o *cicerone* mentiu dizendo, no intuito de salvar a nossa reputação artística, que adoramos a música, quando em boa verdade não fazemos assim tanto caso dela, é porque sentiu instintivamente que essa adoração nos tornaria mais dignos da consideração alheia. Só amam e só professam as artes os povos civilizados. Diz muita gente que, se as condições da nossa vida fossem outras, os salões de concerto e as salas de ópera estariam sempre cheias. Mas a música é um prazer muito caro no Rio de Janeiro.

Nem toda a gente pode dispor de 10$000 – principalmente quando esses 10$000 têm de se multiplicar por várias pessoas da família – para ir ouvir em um salão, mesmo os melhores artistas! Sabe-se o resultado. Os concertistas cantam e tocam para as cadeiras vazias desde que não se deem ao trabalho, de algum modo humilhante, de passarem os seus bilhetes de mão em mão, ou de se esfalfarem antecipadamente em sucessivos reclames. Façam-se ouvir por menos preço e verão.

Também já pensei assim, antes de ver vagas muitas cadeiras a 2$000 dos concertos populares, e dos gratuitos, concertos sinfônicos do Instituto...

Para que a música se torne um hábito, uma necessidade para o público em geral, é preciso trazê-la para a rua. As mulheres, os rapazes pobres não deverão ouvi-la só como a ouvem, raramente, de passagem, quando segue em um bonde especial a comitiva de qualquer festejado para algum *pic-nic*. Assim mesmo reparem: dos fundos das casas mais modestas e dos cortiços, corre sempre gente às janelas ou ao portão, atraída pela alegria dessas vozes passageiras, na ânsia de compreender e de ouvir melhor; e afinal mal pode apreciar meia dúzia de compassos, porque o elétrico desliza com velocidade e nem sempre o vento está de feição para lhes trazer os sons que se perdem ao longe...

Houve em tempo o projeto de se realizar no Rio de Janeiro um concurso de bandas. Em que teria ficado essa tentativa? Em todo o caso, se ele fracassou uma vez, não é razão para que não tentem realizá-lo em outra. O esforço de melhorar é, como dizia o conselheiro Acácio,[52] sempre digno e louvável; e os concursos obrigam a um estudo em que não há nada a perder.

***

Antes de pôr o ponto-final neste artigo, e ainda a propósito de música, lembrarei ao leitor que há no sábado próximo um concerto de Charley Lachmund, o pianista apaixonado de Schumann e por quem Schumann teria adoração se ouvisse por ele tocadas as suas músicas...

Ao menos nós, que podemos gozar as delícias da música de câmara por tais intérpretes, somos felizes.

Mas o povo das ruas?

---

52 Personagem da obra *O primo Basílio*, de Eça de Queirós. (N.E.)

21

15 de novembro de 1910

Não, enquanto a nossa Biblioteca Nacional se encolhia envergonhada e triste naquele sombrio casarão da rua do Passeio, nunca me apeteceu ir ver as suas coleções de gravuras, de mapas, de livros iluminados, de numismática, etc., e quando uma vez, urgida pela necessidade de uma indagação, tive de ir consultar uma das suas obras, fi-lo sem outra curiosidade senão a que expressa e obrigatoriamente me levava ali. O ambiente não convidava a demoras nem sugeria desejos de futuras visitas.

Hoje, que diferença!

Venho exatamente de percorrer todo o edifício da nova Biblioteca, desde as oficinas tipográficas e de encadernação e da sala dos motores elétricos, no porão, até aos seus mais altos terraços, aos seus salões e galerias nobres, e a impressão recebida a cada novo aspecto dos vários compartimentos superiores era idêntica à de quem, saindo de um lugar acanhado e de atmosfera pesada, se visse de repente em plena claridade, bafejada pelo ar livre do mar; em uma atmosfera sã, que desperta a vontade para as energias e para o gosto do estudo.

O edifício, cuja fachada é, a meu ver, uma das mais belas, mais grandiosas e mais serenas dentre todas as do Rio de Janeiro moderno, correspondia internamente ao que prometia no exterior: luxo e conforto.

Isto é, para mim que já não galgo degraus com a lepidez e a pressa com que o fazia aos vinte anos, há nesse palácio uma particularidade extremamente desconfortável para o público: a sua larga escadaria exterior. Porque nós não podemos imaginar que os frequentadores da Biblioteca sejam só os estudantes ainda não acometidos de canseiras físicas; parece-me lícito supormos que, neste clima em que se envelhece tão cedo, muita gente idosa (que é quase sempre a mais amiga de leituras) e muita gente reumática lá lhe vá pedir uma hora de distração ou de elucidação. As escadas para os míopes, para os gotosos ou para os que tenham de recorrer a muletas, são sempre um motivo de susto, principalmente as largas escadarias sem corrimão, expostas à claridade, às vezes estonteadora, do sol pleno.

Não há dúvida que o edifício da Biblioteca lucra em beleza arquitetônica com esses três lanços de escadas, que lhe dão imponência; mas nada impedia que, deixando essa entrada aos que a preferissem, o ilustre arquiteto de tão provada competência, como é o sr. general Souza Aguiar, a quem saúdo efusivamente pela beleza desta sua obra, tivesse pensado na desventurada sorte dos hemiplégicos e dos cardíacos, que por sê-lo não deixam de amar e de procurar a convivência dos livros, e lhes tivesse fornecido, por uma entrada lateral, com ascensor, acesso fácil até o mesmo vestíbulo grandioso onde agora se sentam o porteiro e o empregado das informações.

À parte esta impressão de pessoa comodista, tudo mais me encantou, positivamente encantou, nesse edifício que é o melhor orgulho da cidade porque, além de ser belo, atesta a quem o visite a nossa cultura e o nosso interesse espiritual. Não creio que haja no mundo muitas bibliotecas em que o acordo das coisas materiais com as intelectuais seja tão perfeito como na nossa. O leitor encontra com o livro uma atmosfera preparada para entendê-lo; tudo é nítido, prático, fácil, cômodo e bem combinado. Vê-se que a mão que a dirige é forte e competente; mas disciplinada por uma vontade robusta e um espírito metódico. Já no modo por que está distribuído o mobiliário das diversas seções, denota a quem observe as coisas com um pouquinho de atenção, que o sr. dr. Cícero Peregrino sabe ser dono de casa. E como esse mobiliário de ferro, invencível à fúria das labaredas, e à voracidade dos bichos, acorda em quem o vê o desejo de reformar os trastes que em casa destina à sua papelada! Que móveis simples, práticos, sólidos, bem pensados e bem executados!

Na grande sala de leitura, magnificamente decorada por Amoedo, Brocos e Visconti, eu senti uma verdadeira surpresa, de tal modo a tinha imaginado diferente do que ela realmente é. Supunha uma sala em que só houvesse conforto; encontro um salão luxuosíssimo e brilhante. Está claro que eu não quero aqui descrever uma casa que toda a gente pode e deve ir ver com os seus próprios olhos, mas afirmar unicamente a excelente impressão que ela me causou, e felicitar por isso a população que a vai gozar. Uma das coisas que me impressionaram agradavelmente foi ver que para cada leitor há uma carteira, evitando-se assim a mesa comum e dando a cada leitor maior como- didade e mais independência. Estavam algumas carteiras ocupadas. Entre os leitores havia uma senhora tomando notas. Esta circunstância, que talvez pareça destituída de interesse, encheu de júbilo o meu coração. Uma senhora – e de mais a mais uma senhora *chic*, dessas que a gente pensa, quando as encontra na rua, que não pensam em nada – a ler na biblioteca pública e a tomar notas? Mas é o progresso! mas é a mais alta e mais inequívoca prova de adiantamento intelectual de uma cidade da população da

189

nossa! E mais, muito mais gente, iria a essa casa fazer leituras que não pode fazer na sua, se a Biblioteca estivesse aberta até às nove ou dez horas da noite; mas fecha-se às quatro! Eu não sei nem me importa saber o regime por que se mantêm as outras bibliotecas públicas do mundo. Cada terra tem o seu uso. Na nossa há muitas classes que só à noite podem ter vagar para leituras e para estudo. Os empregados do comércio, rapazes sem lar, sem conforto que lhes proporcione à noite uma hora para ler em paz, só na Biblioteca poderiam dar ao seu espírito o alimento que ele lhes suplica e cultivá-lo sem sacrifício. O sr. ministro do Interior tem de resolver esse problema quanto antes; já que temos uma biblioteca pública, é forçoso que ela sirva ao público, sem exceção.

E como deverá ser consolador e belo ver-se do alto da grande galeria circundada pelo gradeamento de bronze dourado, entre os painéis dos nossos artistas mais considerados, e à luz difundida de tantíssimas lâmpadas, todo aquele recinto de silêncio e de paz, repleto de gente calada, inclinada para os livros, os grandes amigos de sempre, os amigos que nos consolam e não nos traem jamais.

E para sentir bem o livro é preciso debruçar-nos do último andar da sala da Biblioteca, a que chamam armazém dos livros, e olhar para baixo. É ali que palpita a alma que anima toda a casa, verdadeiro templo consagrado ao pensamento humano, glória da criação.

Eleva-se desse recinto qualquer coisa que nos sensibiliza; ele é mudo e afigura-se-nos cheio de vozes; de todos aqueles armários verde-negros, alinhados como túmulos, se irradia uma expressão de doçura e de consolação. São os velhos irmãos de séculos passados, são os de hoje, são os de todos os tempos que nos envolvem com a sua filosofia, a sua sabedoria, ou a sua ilusão... Não se entra nem se sai da Biblioteca como de uma casa qualquer; entra-se só, sai-se acompanhado por uma sombra do passado ou pelo fulgor de uma ideia nova.

Antes de voltarmos para a rua, temos ainda uma reverência a fazer a alguém que olha de face, na sua serenidade de mármore, para a larga porta da entrada principal do vestíbulo. Não será preciso muita perspicácia para adivinhar que esse alguém seja d. João VI, o fundador da primitiva Biblioteca. E, embora lhe seja indiferente a minha cortesia, faço-a com toda a veneração, sem me esquecer do sr. dr. J. J. Seabra, que ao legado desse que para o nosso Brasil foi um grande rei, mandou, quando ministro do Interior e da Justiça do benemérito governo Rodrigues Alves, dar o abrigo condigno do mais grandioso monumento arquitetônico da capital, e a quem por isso todos devemos gratidão, que a mim nada me custa render-lhe e que lhe rendo com jubilosa sinceridade.

A valiosíssima fundação de d. João VI, hoje consideravelmente aumentada e que forma um patrimônio inestimável da Nação, está definitivamente livre dos perigos iminentes que por todos os lados a cercavam no velho edifício da rua do Passeio.

A nova instalação é um cofre amplo e sólido para a riqueza ali acumulada e que ninguém cá fora pode avaliar. Não são só os intelectuais e os estudiosos que devem gratidão ao ministro previdente que mandou fazer esse cofre; é o país todo, que nem sequer sabe o que ali tem, mas que o há de ir pouco a pouco compreendendo, à força de lho dizerem, como já outros lho disseram, e eu agora repito com verdadeiro orgulho.

Fachada da Biblioteca Nacional, 1910, foto de Marc Ferrez. Acervo da Fundação Biblioteca Nacional.

22

22 de novembro de 1910

O céu! que maravilhoso espetáculo, que manancial de gozos estáticos para quem tenha a ventura de ter olhos contemplativos! Ainda há bem poucas noites tive ocasião de observar isso, vendo da minha *rocking chair* do terraço, o eclipse da lua em todas as suas fases, desde que ela pouco a pouco imergiu na penumbra da Terra até se velar completamente na sombra do nosso planeta, para depois, pouco a pouco também, sair do véu negro róseo que a cobria e flutuar luminosa e branca no espaço livre.

E demorando o olhar fascinado no firmamento, de ideia em ideia, cheguei à lembrança do que me disse um dia o saudoso astrônomo dr. Luiz Cruls, falando a respeito da beleza astral do nosso hemisfério:

– O meu desejo – disse-me ele – seria que Flammarion, que é um grande sábio forrado de um grande poeta, viesse ainda ao Brasil ver o nosso céu. Já lhe escrevi a esse respeito, tentando-o, mas a minha palavra não teve a força de sedução precisa, que em vão procurei infiltrar-lhe, para o convencer, e ele resistiu. Resistiu desta vez, não resistirá em uma outra...

Resistirá, digo eu agora, mesmo por ser natural que, pelo menos tão cedo, ninguém o convide. Por mais forrado de poesia e de fantasia que seja um astrônomo, ele não olha nunca para o céu com o mero olhar do sentimento. Tem outros interesses e procura para as suas observações servir-se de meios que os meramente contemplativos dispensam...

Ora, segundo ouvi dizer, não sei se com fundamento sério ou se não, o nosso observatório do Castelo[53] não está aparelhado para receber visitas como a do autor das *Contemplações científicas, Os mundos imaginários e os*

---

53 O Imperial Observatório do Rio de Janeiro, depois denominado apenas Observatório do Rio de Janeiro, funcionou no morro do Castelo de 1846 até 1922, quando foi transferido para o morro de São Januário, no bairro de São Cristóvão, por causa da demolição do morro do Castelo. (N.E.)

mundos reais, etc.[54] Por mais que um astrônomo seja impressionável e imaginoso, ele é sempre um matemático, um homem positivo, profundamente conhecedor dos instrumentos materiais de que se serve nas investigações da sua profissão, e tanto mais competente quanto mais exigente no modo por que devem estar montados observatórios astronômicos oficiais em países da importância do nosso.

Agora que, a bem dizer, o morro do Castelo, já meio derrocado, ferido aqui e acolá pelos fundos golpes das picaretas irreverentes, amputado em parte, em parte mal se sustentando sobre ribanceiras corridas ou escavações profundas, não pode oferecer garantias de estabilidade e vida longa, ninguém poderá imaginar que o governo gaste dinheiro reformando o seu observatório. Mas não será também pecado deixar de montar nele instrumentos já adquiridos, por falta de acomodações, e arruinar-se o que ainda pode ser útil e economizado?

Eis o problema que me apresentaram as estrelas do dia 16.

---

54 A autora se refere a Nicolas Camille Flammarion (1842-1925), mencionado por Luiz Cruls (1848-1908). (N.E.)

No que dá a gente olhar para o céu em noite de eclipse!

Na paisagem, enluarada em vários pontos pelos clarões da luz elétrica, eu via da minha janela o vulto alquebrado do morro do Castelo, roído em um flanco, emagrecido, torto, como um pobre-diabo já desanimado da medicina que lhe evite a morte, que tanto tarda.

Mais perto, o Santo Antônio, redondo e gordo, olhava para ele do meio dos seus andrajos, já também com ar de desesperança, sem achar termos de consolação. O Castelo parecia dizer-lhe:

– Vê se tomas ao menos para ti o peso do Observatório! Não posso mais. Apesar de pobre e de sujo, estás ainda robusto e moço. E eu, prejudicado na minha integridade, sou um fantasma do que fui. Sinto agora formigueiros nos pés; qualquer dia desfaleço e alastro-me aí por sobre esses telhados novos dos palácios públicos. Que me acuda então quem puder!

Santo Antônio suspirou:

– Todo eu sou dorso. Com que mãos irei buscar o teu palácio de ver estrelas, para te aliviar do seu peso? Será mais fácil dividirem-te em dois, ligar as duas partes em cima, por uma ponte, para que os palácios públicos não tenham por fundo a tua parede escalavrada, do que me ajudarem a mim. Apesar de gordo, também não me sinto bem, amigo!

Velho morro, cá me tens de novo compadecida dos teus andrajos e a afirmar a tua boa vontade.

Todos nós sabemos que não tens mãos; não precisarias dizê-lo. Se as tivesses deixarias porventura que essas pobres mulheres, algumas já velhas, andassem, coitadas, ladeira abaixo, ladeira acima, carregando água em feias latas de querosene? Não. Envolveste-te no teu burel e adormeceste em um tão longo sono que ao acordar estavas anquilosado! Sonha ao menos. Sonha que serás um dia, como uma certa colina de Florença, cujo solo o viajante pisa subindo encantado por entre flores e estátuas até ao alto, onde o grande Miguel Ângelo[55] sorri ao céu estrelado... Sonha que pelas rugas fundas da tua pele vermelha, calcinada pelo sol de tantos verões, se embeberão gotas frescas dos chuveiros das regas benfazejas, alimentando, lavando, refrescando as sedas verdes das tuas vestes de relvados; sonha que por entre os jasmineiros odoríferos dos teus jardins haverá alegres escolas de crianças pobres e trilos de aves mais amigas dos ramos das acácias do que das pontas das baionetas; sonha que em vez das mortiças

---

55 Provável referência ao pintor, escultor, poeta, anatomista e arquiteto italiano Michelangelo, também conhecido como Miguel Ângelo, um dos maiores criadores da história da arte do Ocidente. (N.E.)

candeias dos teus casebres de tábuas e de zinco te engrinaldarão festões de lâmpadas elétricas, e que serás para esta cidade como um *bouquet* de rosas no seio de uma mulher bonita. Sonhar não custa nada, meu velho – sonha!

Agora direi, com franqueza, não era no morro de Santo Antônio que o sábio dr. Cruls desejava colocar o Observatório do Rio de Janeiro, mas muito mais longe do bulício da cidade e muito mais perto das estrelas: no *plateau*,[56] ainda desaproveitado, da Nova Cintra,[57] em Santa Teresa.

Deve haver por aí muito quem tenha sabido desse projeto de que ouvi falar por acaso, como por acaso também ouvi dizer que pensam agora em transferir o Observatório para o Caju!

De luzes sidéricas passemos a falar das urbanas. Quanto mais o Rio se ilumina e fulgura, mais negra e pavorosa parece à noite a mísera estrada em que moro. Estamos no coração da cidade, a cinco minutos do largo da Carioca, e é como se estivéssemos no sertão. Os próprios soldados têm medo destas paragens e cá não vêm fazer o policiamento. De vez em quando desabafo aqui as minhas queixas, mas os poderes competentes, ou não as leem ou não se deixam

---

56   Em francês, "platô", "planalto". (N.E.)

57   Morro no bairro do Catete, onde hoje está a comunidade Tavares Bastos. (N.E.)

sensibilizar por elas, e assim nada se remedeia. Há seis anos que eu e os meus vizinhos clamamos por água e por luz como um asfixiado pode clamar por ar e um esfaimado por pão. De que serve?

Até agora de nada tem servido, mas resta-nos a esperança de acreditar que enfim alguém nos há de dar razão e acudir-nos antes que nos matem os malfeitores que a escuridão protege!

Esta última palavra faz-me vir à ideia o assunto do último artigo de Curvello de Mendonça nesta folha.

É admirável como de longe ou de perto este escritor se preocupa sempre com a felicidade da sua terra.

Dir-se-ia que a sua viagem pelo estrangeiro só tem o fito de observar o que há lá de bom para melhorar o que é nosso. Cita neste último artigo a desvantagem da vadiagem das crianças nas ruas, antes e depois das aulas públicas. Se não fosse inexequível por grandemente dispendioso, eu lembraria aqui humildemente um modo de remediar esse inconveniente, pelo menos nas primeiras horas, antes do colégio. Ter cada bairro um grande estabelecimento com piscinas para natação, campo para *sports*, etc., e serem as crianças, provadamente pobres, obrigadas a irem passar nesse estabelecimento, até à hora das respectivas aulas. O banho, a ginástica bem dirigida dariam a esses corpos alegria e vigor para os cansaços do espírito nas horas de lição. Que população robusta e alegre essa disciplina formaria! E a quem disser que tudo isso é fantasia sem aplicação, responderei eu ainda com laivos de esperança a clarearem-me o entendimento: quem sabe?...

23

29 de novembro de 1910

Salus populi suprema lex esto.[58]

Nada de palavras: fatos.

Os da última semana foram tão eloquentes que encherão ainda de assombro muitos dias a seguir. É sempre assim. Quando a voz dos humildes se levanta é para fazer

---

58 "Seja a salvação do povo a lei suprema." Trata-se de uma expressão do direito romano que foi utilizada pelo filósofo, escritor e advogado Marco Túlio Cícero (107 a.C.-43 a.C.), um dos maiores oradores da Roma Antiga. (N.E.)

estremecer os poderosos. Natural; eles concentram em longos anos de sofrimento calado o azedume da injustiça que lhes fermenta na alma até explodir um dia em um desafogo inevitável e humano.[59]

Quanto mais longa tenha sido a duração dessa tortura moral (aquela a que aludo, e que todo o mundo sabe qual é, vem de sucessivas gerações dolorosas), mais esse desabafo terá um dia de ser terrível de violência.

Era já tempo de se saber isso.

Era já tempo!

Entretanto, não se sabia.

Parece que não se sabia! E centenas de homens continuavam a ser tratados, nestes claros dias de razão e de justiça, como seres inconscientes, feras bravas que o domesticador afaga escondendo no gesto o ferro em brasa...

---

59 A autora se refere à Revolta da Chibata, um motim organizado pelos soldados da Marinha brasileira, negros em sua maioria, que ocorreu nos dias 22 a 27 de novembro de 1910. Os marinheiros assumiram o controle de quatro navios de guerra atracados na baía de Guanabara e apontaram seus canhões para o Palácio do Catete, sede do governo federal, exigindo o fim dos tratamentos abusivos recebidos dos oficiais, que recorriam à chibata como forma de punição. Foi uma revolta contra o racismo estrutural que imperava após a abolição da escravidão. (N.E.)

Foi uma lição amarga. Mas as lições amargas são quase sempre as de maior proveito. Talvez que ela seja útil ainda a alguém. Sei lá; a sociedade dos homens é tão cheia de imprevistos e de assombros! Este teve duas faces; uma da brutalidade com que o caso se revelou e o consequente terror que infundiu; outra a do domínio sobre si próprios, de que deram provas os marinheiros senhores da ação. Não nos esqueçamos de que, se eles tivessem querido, grande parte da cidade estaria a estas horas grandemente danificada ou reduzida a pó. Os oficiais de 1893[60] tiveram menos respeito pela população do Rio de Janeiro. Agradeçamo-lhes isso, ao menos! E não é pouco... Todavia, na refrega houve mortos. Estes vendavais não passam nunca sem abater alguém; mas relativamente os mortos foram poucos e de ambas as partes, o que equilibra a balança da justiça.

---

60   Referência à Revolta da Armada, um levante liderado pela Marinha entre os anos de 1891 e 1894, em que oficiais da Marinha exigiam do presidente da República, marechal Floriano Peixoto (vice-presidente que assumiu após a renúncia de marechal Deodoro), a realização de novas eleições, tal como prescrevia a Constituição de 1891. A Revolta da Armada começou no Rio de Janeiro e se espalhou para o sul do país, durando muito mais tempo que a Revolta da Chibata. (N.E.)

Mas não é para lamentar os mortos caídos no seu posto de honra e pelos quais toda a população gemeu que eu escrevo estas linhas. Não é tampouco para vincar ainda com a minha pena, impiedosamente, a verdade triste que deu causa a tão inesperado, a tão doloroso acontecimento.

A minha intenção é outra.

A minha intenção é louvar, em nome de toda a população pobre do Rio de Janeiro, população que não pode fugir de um minuto para o outro, para fora do alcance das balas ameaçadoras, porque está presa à terra do seu trabalho por mil amarras inquebráveis, a atitude serena e corajosa do sr. marechal Hermes da Fonseca assinando o decreto da anistia dos revoltados, em face da desesperadora contingência de só os poder castigar condenando ao extremo sacrifício a população da cidade. E para isso foi preciso coragem sim, porque não é necessário conhecer demasiadamente os homens para se saber quanto eles elevam acima de tudo o prestígio da sua força e da sua bravura.

A razão, o bom senso, ficam muitas vezes sepultados sob essa dura tampa de aparência e de veleidade. O problema que logo nos primeiros dias do seu governo o sr. presidente da República viu levantar-se diante de si tinha forçosamente, para ser resolvido, de sacrificar alguém ou alguma coisa: ou o prestígio do governo ou a população enorme da cidade.

Entre essas duas soluções um vaidoso, um egoísta, escolheria a segunda. Salvaria assim os brios de uma classe oficial e contornaria o seu nome com os dísticos tão gratos ao espírito masculino de valoroso, de enérgico, de destemido.

Adivinho que o sr. marechal Hermes da Fonseca, como homem e como soldado, sujeito às contingências da vaidade humana, teria tido ímpetos de resolver a crise terrível que nos abalava por um modo bem diverso daquele de que usou!

Felizmente, a razão da sua consciência teve mais força do que o seu orgulho pessoal, e ele transigiu com o seu orgulho, hipotecando com isso, temporariamente ao menos, o brilho efêmero, o brilho político do seu governo.

O sacrifício que ele fez assim patrioticamente, honestamente, pela paz e pela harmonia da família brasileira, não deixará de ser compreendido. Felizmente, os governos não têm só alicerces na política; façam-se amados do povo e tê-los-ão ainda mais profundos no povo.

Nas horas de sofrimento comum o espírito da coletividade adquire uma lucidez nunca sentida nas de indiferença ou de prazer, e então, aquele que vier ao encontro da sua angústia com uma palavra de consolação ou uma de condenação, desde que esta última represente a verdade e a justiça, esse alguém será respeitado por ela profundamente, absolutamente. Quando falo de coletividade falo das classes anônimas, não das interessadas por este ou por aquele motivo, e de exceção. E foi a população anônima do Rio de Janeiro, sobretudo a gente pobre, humilde, sem recursos para fugas tumultuosas, que a mão abnegada e forte do sr. presidente da República amparou neste transe de estupefação e desespero. Bastaram as duas vítimas inocentes do morro do Castelo.

Já foram demais.

Não tenham medo do futuro. Quando uma causa é justa, ela não deixa ressaibos que envenenem horas do porvir. Desde que as coisas sejam todas como devem ser, elas se manterão por si com simplicidade e com nobreza.

Oficiais e marujos podem-se olhar de face sem rancor, como auxiliares mútuos, servidores leais da mesma bandeira, filhos da mesma terra de liberdade. Olhar-se-ão até, daqui por diante, com mais simpatia, porque não haverá entre eles esses dois fantasmas negregados: o desprezo e o terror, que haveriam forçosamente de afastar uns dos outros.

Os dias esclarecidos dos nossos tempos não permitem tais interposições. A era dos fantasmas e dos escravos acabou. Haverá ainda alguém que possa lamentar isso?!

Talvez... mas esse alguém não pode ser olhado com seriedade nem com respeito por nenhum de nós. A verdade agora demonstrada foi esta: o que as palavras em longos anos de queixa humilde e de súplicas desesperadas não puderam fazer, fizeram-no os fatos, em poucos dias.

Os fatos são sempre mais eloquentes e mais persuasivos do que as palavras! Está tudo consumado. Agora é trabalhar com ânimo sereno, cumprindo cada um o seu dever, dignamente.

E sempre nisso, afinal, se consubstancia e se resume a felicidade humana!

Os marinheiros do navio Minas Gerais, que tomaram parte saliente na Revolta da Chibata; no centro, João Cândido e ao seu lado o jornalista Júlio de Medeiros, *Fon-Fon!*, 1910, n. 49, p. 15. Acervo da Fundação Biblioteca Nacional.

24

27 de dezembro de 1910

Digam-me uma coisa: acham que o Rio de Janeiro seja uma cidade alegre?

Eu não acho. Ela tem todas as condições para o ser, mas não se quer dar ao incômodo de rir. Para forçá-la a isso é preciso inventar um novo gênero de cócegas e não sei realmente quem terá imaginação para tanto. Para a entristecer ainda mais sei eu quem a tenha: a política – mas com essa feia senhora não quero histórias. Deixe-mo-la esquadrinhar com o olhar vesgo os mais escusos recantos cariocas e conversemos sem peias sobre os nossos interesses populares.

Temos agora uma questão em debate – a do barracão da avenida. À primeira vista isto não parece ter importância. Que é um barracão? Um amontoado de tábuas armadas provisoriamente com o mero intuito de ser demolido pouco tempo depois. É esse, pelo menos, o destino de todos os barracões de madeira conhecidos no mundo. De todos, menos os daqui.

Os daqui têm opinião e são teimosos. Recordam-se do da Lapa? Esse, de não saudosa memória, resistiu a pé firme a todas as investidas, quer da imprensa, quer dos temporais. Escritor que morasse para os lados de Botafogo, e que se julgasse lesado por ele no deleite da contemplação do mar, a cuja orla passava, não lhe poupava ironias.

Contra o negregado barracão as penas se transformavam em picaretas; mas o demônio, supondo que tinha algum talismã, não se abalava, nem mesmo aos golpes mais formidáveis.

Este agora da avenida deve ser filho do outro. Herdou-lhe as qualidades de cinismo e de resistência.

Vão ver. Enquanto ele quiser, ninguém terá forças para o tirar dali, e tem razão; o lugar é luxuoso, por que o há de abandonar?

Pouco se importando com a opinião dos outros, ele continuará a afear sem remorsos aquela formosa avenida, que, por sinal, só tem alegria e vida no curto trecho compreendido entre a estação do Jardim Botânico e a rua do Ouvidor.

Por quê?

Porque é nessa parte que estão as lojas, os botequins, os cinematógrafos, tudo que pode interessar os transeuntes. O resto é morto; o resto são palácios e silêncio.

E aí temos já nisso uma causa de melancolia a combater. Porque, vamos e venhamos, a verdade é esta: enquanto uma pessoa passa por entre o ruído do povo, o brilho das luzes, o movimento intenso da vida alheia, enfim, é preciso que seja absolutamente casmurra para não se distrair, um pouco ao menos, dos seus cuidados. Mas, logo que essa pessoa, deixando o único trecho animado e vivo da avenida, transponha a sua parte sossegada e muda dos palácios, a alma confrange-se-lhe e ela sente a impressão moral de uma ducha escocesa inesperada, para de propósito. Ao calor da animação sucede repentinamente um frio de sepulcro. Aquilo não é via pública, é via penitenciária; é o – lembra-te que és pó e em pó te hás de tornar – que obriga o passeante a pender a cabeça desanimada para as pedrinhas brancas e pretas da calçada, já arrependido de ter sorrido, de ter relanceado vaidosamente a vista por um espelho de portal, de ter dito uma pilhéria ou saboreado um inocente sorvetinho numa mesa de terraço, de tal ou qual confeitaria. Chega ao ponto de os fanáticos caírem de joelhos e baterem rudemente no peito a *mea culpa!*[61] Outro dia foi visto um homem nessas condições para os lados do palácio Monroe.

Se isto continua assim, será preciso pôr nichos nas paredes, com imagens de santas, como na santa Rússia. É possível que tal disciplina dê passaporte franco para o céu, mas nada nos apressa para os preparativos de uma tal viagem.

Lembremo-nos antes que a avenida corta de meio a meio o centro da capital, quer dizer, a parte mais animada da sua circulação e que é o ponto indicado para o *rendez-vous*[62] da população carioca.

Aquele lugar precisa, portanto, ter atrativos, ruído, alegria, que ao menos inspirem a quem nos visite a ilusão de que vivemos a nadar em satisfação, o que dará um certo prestígio ao nosso país.

Comecemos essa obra patriótica alegrando a cidade nos seus bairros mais frequentados. Primeira cláusula: nada de mais palácios na avenida Central. Façam-se ca-

---

61 Em latim, "minha culpa!". Trata-se de uma expressão usada pela Igreja Católica na prece Confiteor (em latim, "eu confesso"), na qual o fiel reconhece seus erros perante a Deus. (N.E.)

62 Em francês, "ponto de encontro". (N.E.)

211

sas ali; casas que se iluminem e abriguem muita gente noite e dia.

Aquela quadra do barracão, destinada ao Liceu de Artes e Ofícios, reclama sorte mais variada e mais tumultuosa. O liceu ficará muito bem num sítio mais recatado, perto da Cidade Nova, por exemplo, de onde provém naturalmente a maior parte dos seus alunos.

Se o terreno da avenida lhe foi dado pelo governo, o governo que lhe dê o dinheiro correspondente ao seu valor, para que ele se estabeleça noutra parte qualquer bem central e de fácil acesso, e que venda esse terreno retalhadamente, a particulares, para que nele palpite a vida que lhe falta.

O caráter do Liceu de Artes e Ofícios prescinde de luxo; quer higiene, conforto, solidez e amplitude, que são as qualidades das escolas populares modernas.

Para os estudantes a instalação do liceu na avenida não traz vantagem nenhuma, a não ser para os que morem em Botafogo ou Santa Teresa; mas esses constituirão, com certeza, minoria ali. Para os bairros mais populosos de Vila Isabel e de São Cristóvão, o ponto escolhido na avenida é fora de jeito, e para a própria avenida esse estabelecimento seria mais uma razão de pasmaceira.

Longe do meu espírito querer com estas palavras desprestigiar uma instituição já firmada em tão longos precedentes de simpatia e capaz de prestar tão relevantes serviços à população operária e pobre da minha terra. Ao contrário. Suponho que para o próprio liceu seria uma felicidade a sua localização numa rua pacata, onde a sua manutenção fosse menos dispendiosa, embora ele não gozasse, por isso, de menores regalias nem de menos conforto.

É um assunto a estudar com serenidade e ponderação. Haverá muito tempo para a mudança, o que não aconteceu agora a certas mulheres de certos bairros, que a polícia mandou repentinamente mudar de rua e de domicílio sem consentir em hesitações.

Como se arranjarão elas? Eis um problema! Conheço uma família de poucas pessoas, que andou perto de quatro meses para achar uma casa em que se meteu há dias, e ainda assim a contragosto, a bem dizer só por amor do telhado!

Há falta de casas no Rio; haverá ainda por muito tempo, porque a população cresce. E, assim sendo, como se pode obrigar uma quantidade grande de criaturas a mudar de domicílio de um dia para o outro?

Não sei; assim como não sei por que motivo a inspetoria de veículos não toma medidas rigorosas para obstar a que os automóveis na cidade desprendam tão repetidamente o vapor da gasolina, de tão fétido cheiro.

Até há pouco tempo supus que essa prática fosse indispensável ao funcionamento das máquinas, e não me

213

julgava com direito à queixa. Dizem-me, porém, pessoas vindas recentemente da Europa, que isso lá não é permitido e que os obriga a pesadas multas, de modo que os automóveis não empestam as ruas como aqui, onde o abuso chega ao ponto de tornar a atmosfera do ar livre quase irrespirável! Não bastarão para nosso tormento as nuvens de pó que os automóveis revolucionam e espalham nas suas correrias assassinas?

Com franqueza: não bastarão?

Avenida Rio Branco, [1910], autoria não identificada. Acervo Instituto Moreira Salles.

25

17 de janeiro de 1911

Chegar-se ao Rio de Janeiro vindo-se de Petrópolis, em uma tarde abrasadora como a da última sexta-feira, é como que cair do paraíso no inferno.

Nunca as ruas da cidade nova me pareceram mais antipáticas. As próprias palmeiras do mangue tinham um aspecto de sujidade e de tristeza; mas de maior abandono ainda era a aparência da população que transitava pelas calçadas. Caía a noite. Os homens voltavam dos seus afazeres. De cada bonde repleto por que eu passava, via voltarem-se para fora, à busca de ar, rostos congestionados, luzidios, cansadíssimos, dos passageiros comprimidos nos bancos e abafados nas suas casimiras escuras. Mesmo de relance, mesmo sem os ouvir balbuciar uma só queixa, compreendia-se perfeitamente o horror da sua situação. Estavam na fogueira desde manhã, já não podiam tolerar os colarinhos, o chapéu coco, o casaco de lã, a atmosfera de forno da cidade baixa.

Cada bonde que passava, assim repleto, acordava a ideia de um cárcere ambulante, cujo estrado, gradeado, tivesse um fundo de brasas. Iam na grelha aqueles pobres senhores e aquelas damas de chapelão e leques incansáveis, nas mãos, aflitas.

Inda assim, essas eram as mais felizes, porque o bonde sempre desloca um pouco de ar que refrigera quem nele viaja. Mas e os carroceiros com quem volta e meia topávamos naquela movimentada rua Senador Euzébio,[63] caminho da estação da Leopoldina?

O tipo do carroceiro no Rio de Janeiro sempre me infundiu um grande pavor. Ver um homem a correr bem na frente de uma roda brutal, muito maior do que ele, ao lado de animais que de um momento para outro podem inesperadamente acelerar a marcha em que caminham,

---

63 A antiga rua Senador Euzébio, que se iniciava na altura do Campo de Santana em direção à Estação da Estrada de Ferro Leopoldina, foi uma das muitas ruas, praças e monumentos extintos na administração do interventor no Distrito Federal, Henrique Dodsworth (1937-1945), para a construção da avenida Presidente Vargas, inaugurada em 1944. (N.E.)

é ter a impressão de ir assistir naquela hora mesmo a um desastre terrífico e que alterará o meu sossego por muitos dias consecutivos. Nunca em cidade nenhuma vi jamais coisa tão abominável! Além da iminência do perigo, que a vista de tais monstruosidades sugere, ela é profundamente antiestética.

Não se riam: esta observação tem um alcance mais elevado do que parece. Os costumes das cidades, como os hábitos dos indivíduos, devem guardar uma certa harmonia entre si. O sujeito de casaca e flor ao peito, que se apresentasse em um salão em tamancos, pareceria a todos doido ou ridículo; estou bem certa de que os próprios criados não o deixariam passar do vestíbulo, aconselhando-o rudemente a ir calçar-se decentemente antes de se fazer anunciar aos donos do salão. Ora, carroças e carroceiros afiguram-se-me, nestas ruas asfaltadas e arborizadas do nosso Rio moderno, como tamancos grossíssimos em soalhos encerados.

É tempo de que os poderes competentes tratem disso.

Os automóveis aí estão prontos a substituir esses tremendos veículos de transporte. E exatamente contaram-me há dias que a Alfândega que nos infelicita grava com exagerados direitos os automóveis de carga, que um ou outro negociante trate de mandar vir da Europa... Deve haver por aí um erro qualquer: ou de quem fez a lei, se ela é exata, ou de quem me informou a seu respeito, se o não é.

Mas não são só os carroceiros, sejamos justos, que dão à cidade uma nota de desafinação irritante.

Já uma vez escrevi neste mesmo lugar a respeito do modo desrespeitoso e indecente por que certas classes cariocas se apresentam na rua.

Valeu-me isso várias cartas, umas anônimas, pejadas de ameaças, outras repletas de considerações; e entre muitas só uma de acordo com o meu modo de ver e de sentir. Paciência. Nada disso fez com que eu mudasse de opinião, e quando saio do Rio, mesmo que por poucas horas, como na última sexta-feira, quando a ele volto mais se acentua em mim essa impressão de abandono, de verdadeiro desleixo de parte da sua população.

Nessa tarde de fogo as calçadas formigavam de gente. Homens de chinelos sem meias, calças sem suspensórios a escorregarem-lhes pelos quadris, peitos apenas cobertos por camisas de meia ou de chita, acotovelavam-se com mulheres de camisolão, negras de saias sujas, de mistura com mocinhas em cabelo e cavalheiros graves, de gravata preta.

O aspecto de tal confusão não é pitoresco – é indecente e infunde uma certa melancolia. Como remediar tal desídia?

Por mais indisciplinado que seja um povo, ele é obrigado a compreender que a liberdade tem limites e que todo o indivíduo tem de ter contemplações para a sociedade em que vive.

218

Nas cartas que recebi quando tratei deste assunto, sem em nada cooperar infelizmente para o melhorar, perguntavam-me algumas pessoas como poderia eu querer que andassem todos bem vestidos na rua, sendo a vida no Rio tão cara e a sua população tão pobre?

Está claro que eu não insinuo que andem todos bem vestidos! Comparo unicamente a população da minha cidade com a de outras capitais em que a vida não tem mais nem melhores recursos, e pergunto: por que não poderá ela manter a mesma aparência de limpeza, de decência e dignidade nas suas classes trabalhadoras? Se a vida no Rio de Janeiro é tão cara que não permita aos que mais suam e mais se esfalfam a consolação ao menos de não aparecerem em público como mendigos, seminus, fujamos todos do Rio e vamos para os pobres países da Europa, onde o trabalho sempre dará para a aquisição de alguns trapos limpos. Trabalhar sem regalias não é tolerável. E consumir todo o esforço físico em uma labutação pesada só para não se morrer de fome não pode nem deve bastar a ninguém. Parece que é isso o que se dá aqui atualmente, e como tal situação não é comportável, cuidemos de atinar com os remédios que a modifiquem.

Quem descobrirá o unguento milagroso para a cura de semelhante chaga? Que o digam os sábios da escritura.

Estas impressões não são nascidas de má vontade nem de antipatias para com as classes pobres da cidade, como da outra vez me acusaram. Ao contrário, o meu desejo seria ver em toda a gente da nossa cidade o ar de asseio e de bem-estar que torna as populações atraentes e respeitáveis. De mais a mais ninguém me convencerá de que os meios de que dispõem, no Rio, carregadores, carroceiros, etc., não deem para a compra de blusas, como as que usam os seus colegas em outras cidades, em que, entretanto, têm menores lucros. Aqui mesmo há um exemplo a apresentar nesse sentido: o dos carregadores da Central, cujo uniforme é bem conhecido.

Tudo depende do hábito e da educação. Não vemos caixeirinhos, que muitas vezes não ganham mais de cinquenta mil-réis mensais, andarem calçados e limpos? Mas deixem-me retomar o meu assunto.

O contraste do Rio, afogueado por uma temperatura de trinta e dois graus, com o da fresca e suave Petrópolis, vestida de hortênsias azuis e toda perfumada pelas suas lindas magnólias em flor, deu-me a esse dia de calor a impressão inesquecível de um quadro vivo, apenas interrompido por uma linha verde de mataria, em que numa parte a vida humana fosse criada para as doçuras do amor e do êxtase, e na outra, para as agruras do trabalho e do esforço incompensado.

**

Uma antiga moradora de Paula Matos[64] escreve-me lamentando-se de que seja tão má a subida para aquele morro, pelo lado da rua Frei Caneca. Deve ser alguma senhora idosa, cuja saúde não comporte caminhadas por ladeiras mal calçadas. Pede-me essa doce alma que intervenha, para que a Prefeitura corrija os estragos feitos pelo tempo e as enxurradas, naquele recanto humilde da cidade.

Aqui estou eu cumprindo o seu desejo. Agora há só uma dúvida, minha senhora: é que a Prefeitura me atenda.

***

Apesar de ainda não ter visitado a exposição de Calixto Cordeiro, prazer que me reservo para hoje, quero neste desalinhavado fim de crônica felicitá-lo pelo sucesso que, segundo me dizem todos os que a têm visto, ele alcançou entre nós.

---

64 Referência ao morro Paula Matos, localizado no bairro de Santa Teresa. (N.E.)

26

24 de janeiro de 1911

As cidades europeias têm as suas estações bem definidas: a estação das flores, a do cair da neve, a do cair das folhas e das frutas. Nós, bem acentuadas, no Rio de Janeiro, só temos duas: a dos teatros e a dos ladrões. A bem dizer, esta dura todo o ano, mas tem a sua maior intensidade nos meses de calor e das janelas abertas. Em fevereiro e março ela floresce exuberantemente em Santa Teresa. Pelo menos, tem sido assim nos últimos anos.

Os senhores gatunos não são tolos; procuram na quadra mais asfixiante o ar fresco da montanha para poderem operar à vontade. Depois isto: além de respirarem ar mais leve, não precisam correr. O esforço da corrida no verão prejudica os organismos mais sãos, eles sabem disso e poupam-se. Em Santa Teresa podem andar a passo, ir de um arrombamento a outro arrombamento sem sustos, nem precipitações, na doce certeza de que não esbarrarão no caminho nem sequer com a sombra de uma sombra de polícia...

Pelas imediações do carnaval, antes, a fim de arranjar dinheiro para as folganças; depois, para equilibrarem os seus orçamentos desfalcados, os senhores gatunos redobram de atividade. Os galinheiros tremem. Não há Chantecler[65] capaz de defender a sua amada faisã ou *pintade*[66] das garras sujas desses patifes. Os gansos perdem a voz, na comoção do espanto, e os próprios cães de fila murcham os corpos de encontro aos muros, com o terror de serem percebidos. Tudo serve aos ladrões, desde a rodilha de lavar panelas, esquecida pela cozinheira no coradouro ou na borda do tanque, até o relógio de ouro do proprie-

---

65 Referência ao personagem Chantecler, presente em uma coleção de poemas medievais europeus, majoritariamente anônimos, compostos em torno de 1170 a 1250, que depois foram reunidos no famoso *Roman de Renart* [Romance da raposa]. Os personagens dessas histórias são animais e Chantecler é um galo, o dono do galinheiro. No entanto, o personagem principal é Renart, a raposa, que engana outros animais antropomórficos para sua própria vantagem. (N.E.)

66 Em francês, "pintada". Uma ave da ordem dos Galiformes, assim como o faisão, que a autora também menciona nesse trecho. (N.E.)

tário da casa em cujo quarto de dormir penetram com inacreditável desfaçatez! Fazer dinheiro, não importa como nem com quê. Tudo o que cai na rede é peixe; leva-se assim de cambulhada regadores e leques de tartaruga, pulseiras e pás de lixo!

Os moradores de Santa Teresa estão, portanto, agora na época dos sobressaltos, a que corresponde, nas cidades europeias, à estação das violetas. Ninguém se deita sem examinar todos os cantos da casa e muito especialmente a parte do assoalho que lhe fique embaixo da cama. As cestas das roupas para a lavadeira são esquadrinhadas, como se procurassem nelas agulhas e alfinetes em vez de homens armados de lanternas e de pés de cabra! Não, que há sujeitinhos tão magros... Vãos de escadas, armários de livros, de louças ou de vestidos, tudo é visto, não uma, mas duas, três vezes, já depois das portas fechadas e trancadas, por precaução.

As crianças vão-se deitar com medo; os homens, mal adormecem, são logo despertados pela família, que ouviu passos nas areias do jardim ou ouviu bulir nas telhas do telhado... Eles resmungam, que não façam caso; devem ser as gambás.

As senhoras afirmam que a bulha não podia ser confundida com a que fazem as gambás e insistem por uns tirozinhos na janela...

224

Às vezes são as gambás que também andam alvoroçadas por este tempo; outras vezes não são elas, são eles, que disfarçam na sombra o vulto dos seus corpos, esperam com paciência verdadeiramente evangélica que esse pessoal aterrorizado adormeça, para então entrarem-lhe em casa por um buraco da fechadura ou por uma régua da veneziana.

Ainda está para nascer o nosso Sherlock Holmes e é pena. É pena, porque ele teria agora excelente ocasião de provar as suas habilidades. Prestando um pouco de atenção aos noticiários dos jornais tem me parecido perceber que as quadrilhas de ladrões no Rio de Janeiro obedecem a um itinerário, estabelecido por ordem de bairros.

Após as queixas dos moradores de Santa Teresa, começam as do Estácio de Sá, Engenho Velho, etc. Para desorientar a polícia, como se ela precisasse disso, há de vez em quando um caso isolado, aqui ou além, de furto ou de arrombamento, com a intenção de chamar para pontos dispersos a atenção dos senhores guardas. E enquanto os senhores guardas se dirigem para aqueles lados, indagando da vizinhança o que houve, o que há ou o que haverá, os senhores ladrões, mais à vontade, *trabalharão* do seu lado.

Não há, para a gente se interessar por essas coisas, como já ter sido vítima delas, pelo menos nuns quatro carnavais consecutivos, como uma certa família minha conhecida!

225

Mas deixemos os ladrões na sua lida, já que é preciso que todos vivam e eles, coitados, talvez não saibam fazer mais nada – e lamentemos em coro o fechamento de mais uma escola pelo sr. prefeito.

É a segunda; e se a sua supressão foi aconselhada como medida de economia, não tardará a ser fechada a terceira, a quarta e assim por diante.

Ora, se há num país de analfabetos, como ainda é o nosso, despesas que não se devem suprimir, são as despesas feitas com a instrução popular. É melhor pôr livros nas mãos das crianças e dos adultos ignorantes e elucidá-los por meio de mestras bem educadas, do que ter de sustentá-los mais tarde em correções e em hospícios, ou sofrer vexames por atos de que só a sua ignorância é culpada. A primeira escola agora suprimida foi a escola ao ar livre, do que tive tanto mais pena quanto vaidosamente a supus sugerida por mim. Exatamente por considerar como benefício à saúde e ao espírito das crianças o estudo feito à sombra das árvores, em pleno coração da natureza, tenho de há muito, na seção do *Correio da roça*, descrito aqui com entusiasmo uma escola de fazenda (e oxalá que o exemplo se propagasse entre elas!) em que a criançada aprende a ler num bosque de jabuticabeiras.

A minha escola ao ar livre, de uma suposta propriedade agrícola, teve o condão de me fazer simpatizar com esta de Copacabana, fundada pelo sr. dr. Serzedelo Correia.

226

Tinha fé em que ela progredisse e desse excelentes frutos. Mas a pobre nem teve tempo para a floração. Deceparam-na e, atrás dela, já caiu outra escola. Queira Deus que fiquemos nisto!...

É de supor que fiquemos, mesmo porque de todos os jornais se levantou um enxame de protestos, alguns francos e outros disfarçados, acerca deste caso inesperado e estranho. O mal de deficiência de escolas não é só nosso. É do Brasil inteiro. Agora mesmo acabo de ler um artigo da professora Edwiges de Sá Pereira, publicado no *Jornal Pequeno*, de Pernambuco, em que essa senhora lembra o alvitre de se reunirem na Capital Federal, todos os anos, em um certo prazo, delegados das escolas normais estaduais, com o fim de, observando os nossos progressos escolares, poderem imitá-los nas escolas públicas das suas respectivas terras.

Para que essas reuniões fossem realmente proveitosas, não seria preciso que o quadro geral das nossas escolas primárias não deixasse nada a desejar? Estamos constantemente a ouvir falar em programas, mobiliários escolares modernos, reformas, etc., etc., para depois dizerem os jornais que em colégios municipais do próprio Distrito Federal há crianças que se sentam em caixotes de vendas, por falta de bancos, e professoras clamando em vão por livros e por mapas!

Virgem Nossa Senhora, como as coisas simples são complicadas!

***

Os tempos passam e o morro de Santo Antônio continua no mesmo estado dúbio e triste de expectativa e de incerteza. A estrada para Petrópolis, certamente muito linda e de grande conforto, fez encolher-se a face larga e barrenta do desgraçado, em um quase imperceptível *rictus*[67] de ironia. Até a floresta ia, ou vai ter, o seu largo sulco de civilização e de claridades no imenso corredor que una o ardente Rio à casta e linda Petrópolis! Só ele, o mísero, assistirá, sujo e trevoso, inculto e selvagem, à alegria e à limpeza dos outros que o cercam por todos os lados, bem no centro da capital, sem poder nem ao menos lavar o rosto, visto que, por mais que exclame, e grite e chore, nem lhe dão água...

Mas, como não é só a água que lhe falta, mas tudo, será mesmo preferível não lhe darem coisa nenhuma!

---

67   Em latim, "ríctus", "ricto". Segundo o dicionário Michaelis, é a "contração dos lábios ou dos músculos da face, que dá ao rosto a aparência de riso forçado". (N.E.)

27

14 de fevereiro de 1911

O meu copeiro apresentou-me ontem na lista das despesas uma dúzia de mangas medíocres, genuinamente cariocas, por oito mil-réis. Não lhe fiz nenhuma observação, embora o preço da fruta parecesse indicar coisa melhor, porque, enfim, ele não podia estar-lhes dentro da casca para saber dos seus merecimentos, e em todo o caso elas não eram de papelão. Mas cismei:

Com oito mil-réis muita gente almoça e janta, incluindo mesmo no *menu* uma posta de peixe, um frango assado e uma tigelinha de creme gelado. Ora, pois, olhando sob essas ponderações para a cifra citada, ela se me afigurou exorbitante.

Que viagem fizeram essas frutas da árvore em que nasceram até a minha mesa?

Uma viagem bem curta; vamos lá, de uma ou duas horas, talvez, com escala pela avenida. A questão não seria pela dificuldade do transporte, mas naturalmente pelo luxo de serem nacionais. A fruta nacional começa a demonstrar para com a estrangeira a mesma soberba que as fidalgas dos romances do Ohnet têm para os plebeus. Um mísero abacate já parece desdenhar de uma rainha Claudia ou de um abrunho, fazendo-se pagar por muito maior preço. O que ainda me consola um pouco neste verão abrasador de 1911 é a ideia de que mesmo ao preço de oito mil-réis, eu, que sou frutívora, posso comer as minhas mangas, enquanto que daqui a algum tempo nem talvez a vinte mil-réis o consiga, desde que elas sejam exportadas para Londres ou para Nova York!

Nessas cidades dir-se-á então: que país de fartura, de abundância e de alegria deve ser o Brasil! Com umas frutas assim saborosas, aquela gente, filha de mais a mais de um clima tropical e ubérrimo, não se deve alimentar de outra coisa. E imaginarão a nossa mesa recendendo ao aroma delicioso dessas mesmas mangas, e dos abacaxis, entremeados aqui e ali pelas manchas róseas dos cajus; amarelas das bananas, ou negras e luzidias das jabuticabas. Mas que venham para cá e verão como a fruta entra pouco nos hábitos da nossa alimentação ordinária, observando ao mesmo tempo que figuram de preferência nas nossas fruteiras maçãs de Lisboa e ameixas da Argentina.

Dizem certos amadores terem de ir à Europa quando querem ver orquídeas do Brasil. Com a nossa fruta há de acontecer o mesmo: quem quiser comê-la terá em breve de pagar viagem para Paris ou para Washington.

E seria tão bom para a saúde e alegria desta população abrasada e dispéptica que a fruta nacional fosse abundante e vendida a baixo preço! Todas essas montanhas que circundam o Rio, toda essa baixada em que os brejais fermentam, todos esses campos dos subúrbios transformados em pomares, bastariam para tornar o nosso mercado de frutas abundante e barato. Mas antes de plantar para casa, nós começamos a exportar para o estrangeiro, até que o estrangeiro, plantando as ramas dos abacaxis que lhes mandarmos e os caroços dos nossos cambucás, comece por sua vez a mandar-nos, por preços acomodados, cambucás ou abacaxis...

Até lá é ter paciência, que é de todas as virtudes a mais necessária na vida. A exportação das frutas começou já. A fama dos pomares brasileiros percorrerá o mundo.

Como propaganda do Brasil, por muito que eles possam fazer, não farão mais do que fez na América um brasileiro distintíssimo, a quem já tenho aludido nestas crônicas com elogios à sua atividade e ao seu patriotismo: o dr. Baeta Neves.

Agora mesmo leio na revista mineira – *Novo Horizonte* – uma notícia transcrita de um jornal de Knoxville, em que se diz que, durante a sua permanência nessa cidade, esse senhor não cessou de visitar escolas e de falar do Brasil às crianças da América do Norte, atraindo para o nosso país a sua curiosidade e a sua simpatia. As crianças crescem mais depressa do que as árvores. Dentro de poucos anos as centenas de crianças das escolas do norte de Knoxville, a quem o dr. Baeta Neves instruiu sobre as coisas da nossa Nação, serão centenas de pessoas válidas vinculadas ao nosso sentimento patriótico e interessadas pelo nosso progresso. A ideia dessas conferências escolares parece-me absolutamente nova e carinhosa. E tanto os colegiais de Knoxville se deixaram penetrar da sua influência, que, por intermédio do mesmo dr. Baeta Neves, mandaram às crianças do Brasil a seguinte mensagem, também publicada na mesma revista:

Às crianças do Brasil:

Pelo vosso distinto representante nos Estados Unidos, dr. L. Baeta Neves, as crianças das escolas do norte de Knoxville enviam saudações às crianças do Brasil. O dr. Baeta Neves com sua encantadora e prendada senhora visitou-nos, frequentemente, falando de forma interessante dos sentimentos do Brasil e de sua amizade para com esse amado país.

O interesse que ele bondosamente tomou por nós e pela nossa pátria em geral despertou-nos também interesse pelo Brasil. Por isso nós desejamos enviar nossas saudações ao Brasil e ao seu povo e especialmente às crianças das escolas.

Ardentemente desejamos que com o nosso crescimento em idade também cresçam e mais se apertem os laços de fraternidade que o dr. Baeta Neves tanto tem advogado, com o seu próprio exemplo, até que fortalecida, cada vez mais, a América inteira seja uma perfeita irmandade de grandes e progressivas nações.

Com os melhores votos para o vosso bem-estar pessoal e de todo o Brasil, somos os vossos sinceros amigos.

Os 500 alunos das escolas do norte de Knoxville.

***

Não é tão grande, felizmente, o número de cartas que tenho a responder por intermédio d'*O Paiz*, nem tampouco de livros a agradecer; mas ainda assim ele é tão considerável que seria impossível falar de todas, ou responder a todas detalhadamente.

Entre as cartas, muitas há já com datas antigas e a cujos pedidos ou observações seria agora intempestiva qualquer referência.

As coisas devem aparecer a seu tempo e em ocasião oportuna; mas descansem os meus correspondentes, que as suas cartas não serão lançadas ao esquecimento. E a uma senhora, que se esquecendo de pôr o seu endereço – o que me facilitaria uma resposta particular –, me pede que lhe lembre um negócio ainda não estabelecido no Rio de Janeiro, responderei que, conquanto a minha imaginação seja mesquinha no tocante a assuntos comerciais, a sua súplica tinha uma tal expressão de sinceridade, que não hesito em lembrar-lhe um alvitre, sem segurança do seu bom êxito. É o caso: no Rio de Janeiro, onde as mulheres são tão faceiras e onde estão quase todas sujeitas a viagens de bondes ou de carro até chegarem ao centro da cidade, para aí irem aos teatros, ou às conferências, ou às compras pelas lojas, não há uma sala onde qualquer delas vá, a troca de alguns tostões, reparar os estragos que a ventania causou aos seus chapéus e penteados; pôr um pouco de pó de arroz; coser um folho da saia descosido ou roto ao subir para um bonde; engraxar um sapato atolado em uma poça d'água, etc., etc. Um gabinete para senhoras, para onde as senhoras pudessem entrar desassombradamente, viria certamente prestar alguns serviços à população feminina desta cidade.

Aí, uma costureira, que nos intervalos se entretivesse a fazer blusas ou outros quaisquer artigos leves para vender, coseria à freguesa a saia descosida, servindo ao mesmo tempo de caixeira na venda de objetos de armarinho; grampos, alfinetes, cadarços, fitas, pregadores de chapéus, véus e perfumaria; a seu lado um engraxate, que seria ao mesmo tempo a zeladora dos compartimentos higiênicos, completaria o pessoal de serviço e aí estaria um negócio que, se não fosse muito rendoso, seria, pelo menos... novo! Entre as cartas há também uma, curiosa, em que um senhor de maus bofes, de Niterói, pergunta se a minha ingenuidade me levará à crença de que algum prefeito possa jamais mandar plantar paineiras às margens da estrada de São Gonçalo, só porque observei que isso seria de bom efeito!

Oh, senhor, por que não?

Em todo o caso é bom saber que os cronistas lançam essas ideias no papel para que outros as leiam e fiquem com elas no sentido até que, perdida muitas vezes na memória a verdadeira fonte da sua origem, as apresentem como suas de um modo direto e positivo. É quase sempre o que acontece; e ainda bem quando acontece!

Dos livros, tenho a agradecer, primeiramente o *Horto*, da saudosa e mística Auta de Souza, poetisa que ninguém, de coração, poderá ler de olhos enxutos, tal a sinceridade do seu sentimento, sempre prevenido pela ideia da morte!

Sumé e o destino da Nação Goyá, lenda goiana trazida ao livro pela mão forte e hábil do sr. Henrique Silva, que a precede de uma advertência interessante;

Otelo, de Shakespeare, tradução do dr. Domingos Ramos, edição de Lello e Irmão, do Porto. Como este li-

235

vro requer leitura demorada, com páginas de comparação, e o tempo me tem faltado para isso, limito-me, por enquanto, a agradecê-lo;

Plantas fibrosas, da Restinga do estado do Rio de Janeiro, por M. Pio Correia. O nome do autor basta para assegurar o merecimento da obra, que, além de trazer informações utilíssimas, é toda escrita em uma linguagem clara e agradável;

Estatística agrícola, do ministério da República Argentina, 1910, por intermédio do consulado argentino; trabalho em que está bem patenteada a disciplina da população rural desse país;

Relatório, do ministro da Agricultura, dr. Rodolfo Nogueira da Rocha Miranda, 1910, livro em que fica cristalizado o esforço de um estadista de grande atividade e iniciativa;

E, finalmente, o livro de crônicas de Carmen Dolores, intitulado *Ao esvoaçar da ideia*. Nem por serem conhecidas, essas páginas são lidas com menor prazer; infunde, entretanto, uma certa melancolia o pensamento de que a mão que lançou à ventania do jornal essas linhas para uma vida efêmera não possa agora folhear o livro em que elas se fixaram para sempre...

Referindo-me a esse livro não quero deixar de responder a um tópico que a respeito dele publicou, há oito dias, Gilberto Amado, em uma das suas crônicas do domin-

236

go. Reproduz esse escritor uma frase minha, escrita por ocasião da morte da minha colega, em que eu anunciava a convicção de ser ela insubstituível na seção em que há tanto tempo figurava, e em que ele agora a substitui. Se Gilberto Amado se magoou com isso, muito delicada e generosamente encobriu a sua mágoa, eu é que não quero nem devo encobrir a minha. Escrevi esse conceito dominada pela impressão dolorosa do momento e na absoluta ignorância do valor do cronista, cujos trabalhos literários eu jamais lera e que tão vivamente admiro agora. Por mais de uma vez lhe tenho afirmado a ele, verbalmente, essa admiração; quero também assegurá-la aqui, nesta mesma coluna em que o seu talento irradia e se impõe.

28

14 de março de 1911

São Paulo, que é talvez a cidade mais bem disciplinada do Brasil, acaba de dar um passo muito inteligente para a felicidade da sua população. Trata essa capital de fundar um instituto profissional de mulheres, para a aprendizagem de misteres domésticos, desde o bordado e a costura até a cozinha. Terá, segundo nos diz o telegrama, seções para o ensino de cozinheiras, copeiras, criadas de quarto, lavadeiras, engomadeiras, etc.

Terminado o ensino, a discípula receberá um atestado de habilitação.

Dentro de poucos anos, as senhoras paulistas não precisarão passar, como nós passamos e passaremos ainda por muito tempo, pelas torturas consumidoras, e mais que todas aborrecidas, de ensinar criadas novas a fazer o serviço que lhes pagamos [ilegível] descanso!

Uma simples caderneta afirmando as [ilegível] profissionais desta ou daquela arrumadeira, desta ou daquela copeira, assegurará às felizes donas de casa de São Paulo o seu descanso, dispensando-as de interromperem o curso das suas preocupações pessoais para ensinar como se esticam lençóis nas camas, como se devem escovar ternos de casimira, arear metais na copa, fazer pudins, etc.

É provável que essa escola de criadas, ao mesmo tempo que forneça às suas discípulas habilitações materiais para o bom desempenho das suas atribuições, lhes sugira também as virtudes que as possam mais tarde fazer estimadas e consideradas pelos patrões: a fidelidade, a delicadeza, a discrição...

Esta última qualidade é cada vez mais preciosa e mais rara. Ainda neste último carnaval tive ocasião de observar certa intriga, em que entrou a colaboração desaforada de uma arrumadeira... como há muitas.

Dois dominós cor-de-rosa, de voz aflautada e tacões a Luiz XV que se divertiam terça-feira passeando de braços enlaçados pela avenida Central, pararam junto a um grupo de espectadores por entre exclamações de alegria e logo um deles, dando com a ponta dos dedos uma pancadinha no ventre de um sujeito moreno e muito gordo, perguntou se ele ainda usava espartilhos riscados de azul e branco e se continuava a tingir as barbas com o desvelado auxílio da sua cara metade, cujas redondezas eram fofas e feitas pelas modistas com o auxílio dócil e barato do algodão em rama! O homem fez-se lívido; os cantos da boca tremeram-lhe; e já o outro dominó lhe perguntava em francês pela ginástica executada todas as manhãs no canto do banheiro entre gemidos de esforço e suores de fadiga!

Foi uma cena. Os dominós continuaram, rindo, o seu caminho, depois de um adeus de mãos no ar, em que lhes reluziram as unhas de coral. Como poderiam essas desconhecidas estar ao fato daqueles segredos de alcova? Pela narração de alguma camareira vadia e sem escrúpulos, está claro.

Que o fato era real, percebia-se bem pela atitude do sujeito gordo desapontado e cujas barbas castanhas estavam em desacordo com as gelhas das suas faces e com os seus pés de galinha. Tudo aquilo seria verdade, mas essa verdade deveria ficar para sempre sepultada na intimidade do seu lar, se o seu lar não tivesse sido varejado por uma criada sem educação e sem escrúpulos. Arrumadeiras muitas vezes são mais espelhos ambulantes do que criaturas humanas.

Fixam certas imagens grotescas ou escandalosas em tal ou tal casa em que servem, e passeiam-nas depois por outras casas, onde há sempre curiosidades que se divertem com tais mexericos.

Diante do mutismo da cozinheira de mme. Steinhel, de quem o juiz não pôde arrancar a narração de certos fatos íntimos que lhe interessavam, ele teve de confessar, ao mandá-la embora, que, se com o seu silêncio ela desesperara a justiça, dera com ele prova de saber manter admiravelmente a discrição profissional.

Nesta procissão de criadas que passa através da nossa vida no Brasil, honra lhes seja, a maior parte, por instinto ou por qualquer outra causa, não assoalha os defeitos observados nas casas em que serviram anteriormente.

Os seus defeitos provêm, só e exclusivamente, da falta de educação e de método no serviço que fazem, por não saberem fazer outra coisa. Quando saem do serviço de fulano para o de sicrano é necessário que este ponha de lado as suas ocupações, para gastar uns dias a explicar-lhes como quer as coisas feitas e mantidas ao redor de si.

Cada casa, assim, é uma escola que ainda paga ao aluno para o ensinar. O resultado desse ensino obrigatório, todos nós o conhecemos – a ingratidão deles e o nosso cansaço e aborrecimento.

A escola de São Paulo vai chamar a si essas canseiras; ensinará, com mais perfeição, mais ordem e melhor disciplina do que qualquer de nós particularmente pode fazê-lo, e mandará bater à nossa porta, na hora precisa, gente asseada e habilitada para o seu ofício.

Quando terá o Rio uma escola assim? E bastaria uma escola para uma capital do movimento e da população da nossa? Mais ainda: teria ela, ou teriam elas, discípulas voluntárias?

Embora pareça paradoxal, não há classe mais independente do que a dos criados, entre nós. Certos de acharem emprego sempre que precisarem, eles não fazem grandes sacrifícios para conservar o que tenham na ocasião. Compete só aos patrões o cuidado de os reter...

Ainda há poucos dias uma senhora queixou-se, em uma roda em que estava, de que a sua arrumadeira usa agora umas saias *entravées*[68] tão apertadas, que mal consentem que ela mude os pés em qualquer passada ligeira; ela tem de assistir irritada, mas inerme, à morosidade do andar da sua empregada, mesmo quando tenha urgência do trabalho!

E, ora, aí está em quem será bom que pegue depressa a moda dos calções, de que ainda um dia destes *O Paiz* forneceu um figurino aos seus leitores.

---

68 Modelo de saia que começou a ser usado pelas mulheres no Rio de Janeiro em 1909. Trata-se de uma saia que, após a linha do quadril, afunila-se até a barra, prendendo os joelhos e dificultando o caminhar das mulheres. (N.E.)

Pelo que tenho visto em gravuras, tal moda, por enquanto, parece-me execrável; mas, como nestes assuntos não há opiniões estáveis, calo-me, à espera de ver modificada a minha maneira de sentir. Não tardarão muito a aparecer na avenida esses calções à turca, que as costureiras parisienses tiveram a fantasia de envergar nos dóceis corpos das moças. Supunha eu que o nosso público, já prevenido, não lhes fizesse, quando as visse nas nossas ruas, a mesma assuada grosseria que eles sofreram em Roma e Lisboa.

Infelizmente, o episódio grotesco do último sábado provou-me que eu me tinha enganado. O povo carioca excedeu, na vaia com que perseguiu duas moças, por causa da sua *toilette*, a selvageria dos bugres, a ponto de um espectador exclamar, muito convencido:

– É preciso entregar a avenida à comissão do coronel Rondon!

***

Mas deixemos este assunto, e folheemos juntos, leitor, alguns livros que tenho aqui sobre a mesa ao alcance da mão. Não cabem nos moldes destes artigos despretensiosos e ligeiros assuntos de crítica, para os quais este jornal tem a sua seção especial. Por este motivo, não faço nunca aos trabalhos literários, mesmo aos que mais me impressionem, senão limitadas referências, com que os agradeço aos seus autores e os recomendo à atenção de quem me leia. Do contrário, o meu papel de cronista se veria transformado no de crítica, para o que não sinto disposição natural. E, imagine-se: hoje, por exemplo, tenho cinco livros diante de mim, merecendo cada um deles um estudo detalhado e extenso! Na impossibilidade de o fazer, procurarei resumir em dois traços a impressão que me causou cada um deles.

O primeiro livro veio-me de Portugal, da fecunda livraria Chardron, do Porto, e é assinado pela mão sensível, mão do artista exigente e do poeta delicado, que é Manoel da Silva Gayo. É um romance, com o título de *Torturados*, que exprime com absoluto rigor a psicologia das suas personagens ávidas de perfeição e de penetrarem a fundo o sentido da vida. Não há banais.

A ação passa-se numa sociedade limitada de gente de gosto e de espírito. Um bom livro!

Na mesma casa Chardron, foi editado o volume de Garcia Redondo – *Conferências* – feito com a clareza e a naturalidade a que esse autor já nos habituou. Pela graça da sua exposição, o seu *humour* especialíssimo, Garcia Redondo deve ser um conferente adorável, e, para quem não teve o deleite de ouvi-lo, lê-lo já é uma consolação.

Paisagens de Espanha, escritas por Thomaz Lopes, o que é bastante para assegurar que são paisagens iluminadas pelo sol de um formoso talento, fazem bem sentir toda a beleza desse país tão original, de tanto caráter, de tão sugestivas e vibrantes sensações.

Por não me ter despertado interesse, deixo de aludir ao quarto dos cinco livros, a que aludi e agradeço penhoradíssima o quinto, firmado pelo nome de José Oiticica e todo constituído de sonetos. Mas que belos e que fortes sonetos os deste pequeno livro que a gente acaba de ler para recomeçar!

Bem diz o poeta, que felicito com todo o entusiasmo:

Amigo, os versos que ora aqui publico,
Aves implumes do meu ninho de arte,
Por cuja vida inquieto e ansioso fico,
Irão falar de mim por toda a parte.

29

18 de abril de 1911

Parece incrível, mas é verdade. Alguém que, por modéstia talvez, não quis escrever o seu nome, mandou-me um número de fevereiro do corrente ano da bela revista agrícola, publicada em São Paulo – *Chácaras e Quintais* –, em cuja capa figura um turbilhão azul de hortênsias, perguntando-me muito interessadamente se desamparei a ideia da festa das hortênsias em Petrópolis.

Compreendi que a oferta do fascículo em que essa flor figura com tanta abundância tinha servido de pretexto a uma curiosidade e pasmei, porque ela revela o desejo de ver realizada uma coisa que eu julgava já, se não completamente esquecida, pelo menos quase esquecida...

Que progressos! Já esses assuntos, que pareceriam ridículos a quem não cogitasse senão nos magnos problemas sociais da saia-calção ou do empenho político, conseguem despertar a atenção de ao menos um leitor? Mas em tal caso, uma pessoa vale uma população!

Esse leitor amigo, à quem a ideia de tal ou tal escritor possa ser simpática, será o seu melhor e mais esforçado colaborador.

O poder da palavra falada, em conversa, sem o propósito manifesto da propaganda, contribui para o êxito dessa ideia melhor do que um discurso; porque é muito mais fácil de reproduzir uma opinião manifestada numa simples frase familiar do que a encerrada numa peça oratória ou num artigo de escritor fantasista... A opinião de um anônimo é, nesse caso, a opinião de toda a gente, enquanto que a de um determinado orador ou escritor é simplesmente a opinião de um certo e determinado indivíduo. Ela será por essa razão menos poderosa e menos convincente. Na suposição de que ideia aceita seja ideia vencedora, podemos desde já contar que, mais tarde ou mais cedo, a linda Petrópolis, seguindo o sábio conselho do esperto Iago,[69] meterá muito dinheiro na bolsa, no dia ideal da sua festa azul.

---

69 Provável referência à esperteza de Iago, personagem de Shakespeare, em *Otelo, o mouro de Veneza*. (N.E.)

Para quem tenha um certo vexame de promover solenidades de feição puramente poética, deve influir de algum modo a certeza de que esta de que se trata pode ser perfeitamente considerada como assunto de especulação comercial. Portanto, meu caro leitor, a quem tanto agradeço o número da revista agrícola como a amável cartinha que a acompanhou, sempre lhe direi que não é a mim que compete agora amparar a ideia da festa das hortênsias em Petrópolis, mas sim à população dessa cidade e à sua municipalidade. E com isso não perderão seu tempo.

Nos Estados Unidos, terra da gente prática, que assombra o mundo pela sua capacidade de trabalho, o seu progresso material, a sua ambição e o seu orgulho, o homem dedica à árvore e à flor um culto quase religioso, organizando em seu louvor solenidades de expressão adorável e alegre singeleza. São por lá vulgaríssimas as festas das árvores, que o governo americano faz frequentar pelos bandos de meninos e meninas das suas escolas públicas. Parece que isso no país dos *yankees* não é considerado como uma fantasia apenas, um passatempo de distração para a pequenada um tanto aborrecida dos bancos das suas aulas. Se bem atino com a razão das coisas, as municipalidades americanas fazem essas festas de culto à natureza para infundir no espírito impressionável da criança o respeito e o amor pela árvore e pela flor.

Por que não os imitaremos, nós, que somos de um país tropical em que a floresta representa o mais benéfico elemento de vida e de tranquilidade?

Sei que já temos feito algumas tentativas nesse sentido, mas raras, e de chocha repercussão, por que não caberá a Petrópolis, que é a terra dos jardins, a glória de estabelecer uma festa anual de flores, antes que o faça uma outra qualquer cidade do mundo?

O trabalho para isso não será grande e a sua execução tão repartida não chegará a cansar ninguém. Com uma simples penada, a municipalidade decretará que, em tal ou tal dia de tal ou tal mês, a cidade de Petrópolis celebre o culto das suas hortênsias maravilhosas. Ela dará ordem de reunião aos colegiais das suas escolas na praça pública; fornecerá alguns coretos para as bandas de música e o resto será com o povo. Será com a Leopoldina, com os hoteleiros, com os floricultores e com o acaso do bom tempo.

Ora, pois, meu caro leitor, tudo isto já foi dito na primeira vez que tratei do assunto; foi repetido depois, no jornal *Tribuna de Petrópolis* e numa carta do escritor Roberto d'Escragnolle na *Notícia*.

Não é portanto a mim que compete daqui em diante amparar a ideia da festa das hortênsias em Petrópolis.

***

Está no Rio de Janeiro, há alguns dias, a escritora inglesa mrs. Elisabeth Doda, diretora de um dos *colleges*[70] da universidade de Oxford, destinado aos estudantes do sexo feminino, e senhora de grande ilustração, como se pode presumir pelo alto cargo que desempenha.

Sem poder dispor de tempo, aproveitando um resto exíguo de férias, mrs. Doda sujeitou-se à monótona travessia do Atlântico para vir passar uma semana no Rio de Janeiro e contemplar a nossa natureza tropical. Leva os olhos cheios da visão dos nossos bambú-*trees*,[71] que a enfeitiçaram; das nossas bananeiras e palmeiras; dos recortes destas suntuosas montanhas que nos cingem e sobretudo da baía da Guanabara, a mais bela do mundo.

Nada mais natural do que um europeu que vive engolfado no seio de velhas civilizações, cercado, por todos os lados, de monumentos históricos seculares e belíssimos, ao mesmo tempo que do conforto moderno, não pense em vir à América do Sul, com outros intuitos que os de observar a sua natureza, completamente diferente da de sua pátria.

---

70   Em inglês, "faculdades". (N.E.)

71   Está escrito dessa forma no original. Referência a "bambuzais", em inglês. (N.E.)

Há países na Europa, como a Suíça e mesmo a Escócia, que não nos oferecem outro gênero de atração, e desse muito se orgulham os seus filhos.

Nós talvez nos sintamos um tanto humilhados quando algum viajante nos declara sinceramente ter vindo ao Brasil só para contemplar as suas belezas naturais, mas não nos admiremos de que, por enquanto, eles não se sintam atraídos por outro gênero de curiosidades e ajudemos a espalhar os louvores destas águas azuis da nossa baía incomparável, semeada por inúmeras ilhas, dos caminhos das nossas lindas cidades e aldeias serranas, da floresta da Tijuca sem par, com as suas grotas misteriosas, as suas grutas, os seus panoramas opulentos, iluminados, imensos, aparecendo de súbito entre cortes de montanhas ou de rochedos cobertos de vegetação.

Sim, senhores europeus! Vinde ver esta maravilha que é a inculta e semisselvagem Teresópolis, perfumada pelos lírios selvagens da beira d'água, sombreada pelas florestas negras e impenetráveis; vinde ver o Corcovado, vinde ver o Jardim Botânico, com os seus bambú-*trees*, as suas banana-*trees* e os seus variadíssimos exemplares de palmeiras e madeiras nacionais.

Em Oxford, cidade de recolhimento, de estudos superiores, famosa pela sua universidade, e tão macia, tão compenetrada do respeito pelo estudo, que nas suas ruas não trafegam bondes nem outros veículos barulhentos,

251

para não perturbar a aplicação dos estudantes às suas leituras clássicas, muitas vezes a visão destas nossas coisas há de passar pelo espírito deste viajante ilustre, em um tumulto de fascinação.

E, nos seus livros, como nas suas palestras, pressinto que falará com simpatia destes curtos dias que está vivendo entre nós.

E deixo agora de aludir às peregrinações de mrs. Doda no Brasil, para ler as *Peregrinações* de Souza Bandeira na Europa.

Tudo me predispõe a essa leitura, tanto na elegância material do livro, da livraria Chardron, do Porto, como a admiração que tenho pelo seu autor.

Não é menor o interesse que me despertam estes dois livros de versos: *Angelus*, de Olegário Mariano, e *Poeira*, de Humberto de Campos, poetas a quem saúdo do coração, e que lerei página a página, com o maior carinho.

E, ao pôr o ponto-final neste artigo, recebo mais um livro! – *Beryllas*, de Revocata H. de Mello e Julieta de M. Monteiro: obrigada!

30

9 de maio de 1911

Há certos sábados em que a avenida se vê transformada de rua pública em verdadeira feira de vestidos mais ou menos suntuosos, ou mais ou menos atrevidos.

Cada um que passa parece ter tido o intuito, ao sair de casa, de ir esmagando, pela sua superioridade, todos os outros com que fosse topando no seu caminho, e todos eles revelam bem manifestamente o desejo de se fazerem notados, quando não pela sua qualidade, ou pelo seu corte ou pela sua elegância, por uma nota, ao menos, de originalidade e de destaque.

Não há um tipo geral nas nossas modas, nivelando os arrojos ou as modéstias, banalizando o aspecto da turba feminina, como há geralmente nas outras capitais; ao contrário, há a indisciplina, a provocação, a fantasia solta e irreverente. Em um grande conjunto em que haja de tudo, o berreiro das cores chega ao delírio, como o exagero dos feitios ao despudor.

Onde iremos parar, se este amor de dar na vista for ainda suscetível de aumento e aumentar? Eis aí um motivo de reflexão. Como espectadora, meramente espectadora, eu gosto. O caso diverte-me. Estar-se, em um sábado de boa luz, parado em qualquer esquina a ver passar a onda multicor de *toilettes*, é um espetáculo.

Se há elegâncias distintas, de um gosto discreto, há outras que despertam no cérebro, mesmo o menos curioso, interrogações irrespondíveis. Há plumas que revelam ousadias de fazer arregalar os olhos; há arremedos de luxo de tal afoiteza que chegam às raias do absurdo. Não há dúvida que o assunto é maravilhoso para um psicólogo e o quadro interessantíssimo para um artista.

Ver passar as mulheres! Já muita gente sai das suas comodidades caseiras ou se deixa ficar na rua mais horas depois de cumprido o seu trabalho diário, só para o deleite dessas tardes de sábado em que a onda de mulheres que passam pela avenida mais se assemelha a uma onda de flores vivas e brilhantes que mesmo a uma onda humana. Graças ao alfaiate ou à modista que as vestiram, muitas feias se confundem com as bonitas, recebendo o influxo da admiração que envolve as outras. E assim como já não há velhas, também já não há meninas. Há crianças e há mulheres. Sobretudo mulheres. São os chapelões de plumas, os coletes longuíssimos, os vestidos travados, escravizadores dos movimentos do corpo, que assim o atestam. E tal é a influência da moda, que ela obriga quem a segue a rigor a adotar uma maneira especial de andar, de gesticular, até de falar, que em absoluto condiga com a expressão do seu figurino. Que seria da beleza universal se não houvesse harmonia?

As modas são as mães dos modos. Se são severas, se disfarçam as linhas do corpo da mulher com recato cuidadoso, obrigam insensivelmente essa mulher a fazer gestos sossegados e a deslizar em sossego pelas calçadas; agora, se ela desnuda, se ela polvilha com pó sutil de uma fantasia acanalhada, essa mesma mulher, ela, sem culpa sua, insensivelmente também, adquire logo modos especiais de andar, de falar, de sorrir, até de olhar para as outras pessoas! Ninguém as deve culpar por isso. Obedecem a uma força superior.

Dizia-me há dias alguém que em cidade nenhuma do mundo viu jamais tanto luxo nas ruas como está vendo agora no Rio de Janeiro. Embora a pessoa que tal afirmou seja muito viajada, julgo que se engana na sua apreciação. Nós não temos mais luxo, o que temos é mais fantasia e mais coragem no afrontar as modas, mesmo as mais absurdas, do que têm em geral as mulheres de outras cidades de grande população. Não gostamos de passar despercebidas pelas calçadas, mas de impor a nossa individualidade, atraindo sobre a nossa pessoa o olhar da turba. Não nos resignaríamos por isso, como as parisienses por exemplo, a vestir-nos em cada estação do ano pelo mesmo figurino das nossas vizinhas. Se elas andam de veludo preto, é forçoso que façamos o nosso *costume* de veludo encarnado, amarelo ou azul. A culpa não é nossa, é do sangue insubmisso que nos corre nas veias. O grande *stock* de vestidos iguais que lá fazem a fortuna dos armazéns, aqui fariam a sua ruína.

Mas, seja como for, com elegâncias autênticas ou arremedadas, cobertas de sedas ou de algodões, com plumas finas ou com plumas baratas, a verdade é que a carioca tem uma graça sua, muito peculiar, muito sedutora, e que vê-la, nesse turbilhão dos sábados, passar na onda humana da avenida, é um dos gozos mais apreciados nestes tristes tempos em que a árvore do orçamento só produz zeros!

Só produz zeros, mas as dos erários particulares devem forçosamente desmanchar-se em outras florações menos vazias. Se assim não fosse, as agências dos transatlânticos não negariam a tanta gente acomodações para a transportar aos portos europeus. De fato, nunca vi, como este ano, tão grande número de pessoas desapontadas por não terem conseguido um lugarzinho ao menos em qualquer paquete das carreiras europeias. O entusiasmo pelas viagens [ilegível] e com ele parece que também [a possibilidade] material de realizar [ilegível] viagens, o que não deixa de [ilegível] um pouco a quem, de fora, [ilegível] os cronistas, por exemplo, coteje o que se diz com o que se faz. Não há dinheiro para se frequentarem teatros, para se darem a amigos jantarzinhos modestos, mas, graças aos céus, há-o para se ir à Europa – e vai-se. O caso é achar lugar nos vapores e encomendar *cabines* com um ano de antecedência. É um hábito, que nós todos brasileiros devemos acoroçoar, estimular, com magno interesse. Afinal o nosso gosto só tem a lucrar com essas estações nos velhos países de bela arte e boa polícia. Pudesse eu, e já teria encomendadas as *cabines* em que, com a minha gente, fosse dos encantos da minha terra aos das terras alheias, na certeza de na volta trazer para a Pátria tudo que de melhor pudesse fruir das suas sugestões ou ensinamentos diretos. Mas se para uma ou outra pessoa ir à Europa ainda é um problema muito complicado e quase insolúvel, para grande parte é coisa tão fácil como ir à Tijuca ou a Niterói. É só caso de resolução e coragem para se desprenderem dos seus hábitos diários. Antigamente, mesmo os ricos não se abalançavam às temeridades de uma longa travessia por mar sem grandes precauções e grandes sustos. Hoje diz-se: vou à Europa; vim da Europa – como se se comunicasse: vim de São Paulo; vou a Minas. E entretanto, cada vez sobe mais alto a queixa de que não há dinheiro!

Se não há dinheiro, há imaginação e há livros, que é uma fortuna de que nem todos os povos se podem gabar. O livro que tenho agora nas mãos é de um escritor nervoso, moço, atrevido, verdadeiro temperamento de artista, e já imortal, porque é da Academia Brasileira de Letras. Se quiserem mais claro, é só dizer: Paulo Barreto.

Este livro – *Dentro da noite* – não é, certamente, um volume que em uma casa onde haja moças que não ignorem as combinações do alfabeto possa ficar esquecido em cima de qualquer traste, ao seu alcance. Deus lhes acudisse! Há páginas que sacudiriam as almas puras como um vendaval desencadeado sacode o mais fino e desprotegido caniço.

A par dessas páginas doentias há outras, porém, de um sentimento muito delicado, muito humano, dessas que deixam alguma coisa no pensamento.

A preocupação ressaltante deste livro é a dos assuntos, e nesse ponto pode-se afirmar que a imaginação do escritor lhe fornece tudo que ele lhe pediu, com a mais opulenta generosidade. E é preciso ter grandes recursos de fantasia, de observação e de técnica para se fazer hoje em dia um livro de contos em que o interesse do leitor se sinta arrastado, como neste, de página para página.

Vão os cariocas gozar, nesta quinzena, uma série de concertos interessantíssima. É uma série curta: de três concertos somente, executados pelo delicado artista sr. Charley Lachmund.

Nestas três sessões musicais o pianista nos contará ao piano toda a história da música, de tal a tal época, apontando no programa as qualidades e o caráter predominante dos sucessivos autores que ele interprete.

Fiquem os leitores prevenidos desde já, para que à última hora não lhes aconteça o que tem acontecido às pessoas a que aludi há pouco e que deixam de ir à Europa por não terem encomendado com antecedência o seu lugar...

31

8 de agosto de 1911

E eu vinha coberta de pó e cheia de cansaço, desentorpecendo os pés na curta caminhada do largo de São Francisco ao Castelões,[72] com a piedosa intenção de atenuar o ardor da garganta ressequida com a frescura de um sorvete, quando encontrei um velho amigo que se apressou em apertar-me a mão com ar solícito e espantado.

– Que houve?!

---

72 Confeitaria tradicional da cidade, fundada em 1847, na rua do Ouvidor; em 1906, foi inaugurada uma filial na então avenida Central. (N.E.)

Confesso que não compreendi a pergunta e o meu silêncio atônito deu-lhe tal impressão de estupidez que ele insistiu, enunciando com mais clareza a sua curiosidade:

– Sofreu algum acidente de automóvel?

– Ah, não; isso não. Creio que ainda estou viva e que tenho integrais os meus ossos; o que me sinto é moída como sal refinado, e com uma sede!

– Sal não parece; mas, pimenta-do-reino em pó, não direi que não...

E o meu amigo espirrou!

É que justamente nesse instante, uma lufada de ar lhe enviara para as narinas cabeludas uma pitadinha dos finos grãos de areia cor de âmbar que me polvilhavam o vestido e o chapéu.

Pensou que se tivesse constipado, mas, tranquilizei-o logo, benevolamente:

– Não é gripe, é pó. Deixe-o entrar à vontade, que este é o famoso e legítimo pó dos séculos.

Se em vez de o expulsar em um espirro, o meu amigo o tivesse absorvido com força, já estaria sentindo na alma um tropel de virgens aimorés!

– Venho dos subúrbios.

– De todos?

– De muitos, sucessivamente, desde a estação do Doutor Frontin.[73] Fui de trem, voltei em um bonde de Cascadura.[74]

– É espantoso. E ainda anda por seus pés!

– Mas, de que modo!

Felizmente tínhamos chegado ao meu destino e, enquanto eu me dessedentava com um refresco, o meu velho amigo confessou:

– Em questões de viagem, sou de uma pusilanimidade incrível. A Central infunde-me pavor. Já a fealdade da estação basta para tirar-me o apetite de lá ir tomar qualquer dos seus trens. A única zona em que se pode viver hoje, no Rio de Janeiro, é a sua zona asfaltada e, julgando assim, não penso sair dela nem por algumas horas. Só aquele trecho de São Diogo[75] me desafinaria os nervos por uma semana. A entrada do Rio pela Central, então, é o que há

---

73 Estação Engenheiro Paulo de Frontin, inaugurada em 1863 para servir à Estrada de Ferro Dom Pedro II (atual Supervia) e desativada em 1996. Deu origem ao município de mesmo nome. (N.E.)

74 Estação inaugurada em 1858, originou o bairro homônimo no subúrbio. (N.E.)

75 Região dos antigos saco e morro de São Diogo, situada, em meados do século XIX, entre a foz do rio Comprido (na baía de Guanabara) e o centro histórico da cidade; sua retificação deu origem ao atual canal do Mangue, em torno do qual foi construída, na década de 1940, a avenida Presidente Vargas. (N.E.)

de mais humilhante e de mais ignóbil. Ouço, entretanto, dizer que nos subúrbios há trechos muito lindos. Mas, eu não sou o homem da paisagem, sou o homem moderno, da civilização, e que não arrisca a sua pele nem o seu sossego só para ir contemplar o bucolismo dos campos, através de nuvens de pó e de carvão. Foi por passeio?

– Não; fui por um dever de amizade.

– Grande deve ser essa amizade, para a obrigar a tanto... Pois a última vez que entrei na Central foi para ir a Jacarepaguá. Comprei o meu bilhete, tomei o vagão e, ao sentar-me, verifiquei que o banco estava quebrado. Quase caí. Alguém se riu atrás de mim. Irritado, saí do trem e nunca mais lá voltei. Tudo aquilo era sujo, abominável. Antes do Rio estar civilizado, ainda se poderiam suportar a Central e os subúrbios; hoje o contraste da avenida faz achar tudo aquilo repulsivo.

Depois de um curto silêncio, ele prosseguiu, mudando de tom:

– Toda a gente que viaja, gosta de falar das suas viagens; é um pendor irreprimível a que ninguém escapa, só a senhora parece querer guardar só para si as suas impressões. Vem da estação do Doutor Frontin e é como se viesse de ali assim, de qualquer lugar conhecido de toda a gente; nem ao menos me descreve a sombra das suas árvores...

A sombra das suas árvores, pensei eu, mas, se de nenhuma delas eu sentira a frescura! As poucas que vi, vi-as à distância, cercadas por muros ou por cercas híspidas de espinheiros. Eram as dos pomares particulares. Nas ruas, ou antes, nas estradas, nem uma! Mal informada, eu supusera que a família a quem ia visitar morasse perto da estação; por isso, mal me vi na *gare*,[76] pedi aos empregados da Central a indicação da rua que eu procurava e que deveria ficar ali pela vizinhança. Mas, nenhum deles sabia da existência de semelhante rua no bairro. Entretanto, não poderia haver dúvida, eu levava o endereço impresso numa carta de participação que me servia de guia. Chamei um baleiro. Com certeza este moleque esperto e ágil, de olhinhos vivos e pernas delgadas, conheceria o bairro, como a palma das suas mãos. Pois também o diabrete não me soube orientar. Como quase sempre acontece em tais ocasiões, recorri em voz alta a um senhor idoso que, sentado em um banco, se entretinha em olhar para as moscas. Se aquele senhor não me pudesse dar a informação pedida, outros ao lado acudiriam talvez em meu auxílio, espontaneamente...

A resposta que tive não foi animadora; resumiu-se nisto:

---

76 Em francês, "gare". Segundo o dicionário Michaelis, "estação de estrada de ferro". (N.E.)

– Não sou do lugar.

Esperei alguns segundos. Evidentemente as outras pessoas ali presentes também não eram do lugar. Houve um espaço de silêncio, como nos romances. Pensei: voltar para trás sem dar cumprimento ao meu desígnio depois de ter afrontado os aborrecimentos de uma viagem de meia hora pela Central? Nunca. Mas seria prudente caminhar à toa por um bairro desconhecido, à hora quente do sol?

Não há quem não tenha passado por tais situações de enfado e de perplexidade, e se relato o caso banal é porque a ele se engancham considerações de interesse público.

A primeira coisa em que pensei, vendo-me ignorante entre ignorantes do que eu necessitava saber com urgência, foi que, em cada estação dos subúrbios, deveria haver um roteiro do bairro: um roteiro bem determinado, bem claro, que orientasse a todos que se vissem na minha situação. Esse roteiro poderia até estar colado nas paredes exteriores da agência, e assim não se perderia tempo em pedi-lo a ninguém. Não se podendo contar com a polícia em cada canto (a nossa polícia sempre deficiente), deve-se lançar mão de recursos que a auxiliem e muitas vezes a substituam...

Alguém que me acompanhava lembrou o recurso de indagarmos numa venda a situação da rua que procurávamos. Mas o vendeiro tinha-se estabelecido há pouco. Não conhecia o lugar!

Tomei então o alvitre desesperado de ficar numa esquina à espera, como um ladrão, das vítimas para o assalto terrível e a cada viandante que se aproximava, em vez da célebre frase – "a bolsa ou a vida" –, atirávamos-lhe, de supetão, a pergunta, já aflitiva:

– Poderá ter a bondade de indicar-nos onde fica tal rua?

Depois de muitos, *que não eram do lugar*, veio por fim um anjo, de terno de casimira e bigode nascente, que nos elucidou.

Mas era longe...

Se ao menos eu visse um carro ou um automóvel que chamasse, mas nada. Só havia um recurso: caminhar.

As estradas eram longas, ladeirentas, de perspectivas nuas, batidas de sol. Se o dia estivesse quente, eu teria morrido; felizmente corria uma aragenzinha tênue e ainda assim abafada.

E foi então que eu pensei com saudade e com tristeza nas grandes árvores ramalhudas que plantadas à beira dos caminhos ardentes são como oásis nos desertos.

Por que há de a população dessa parte, e tamanha, da cidade, viver tão abandonada, tão aridamente, tão sem conforto e poesia?

Que enorme dispêndio seria para a Municipalidade manter arborização nessas ruas quentes, só ladeadas agora num ponto e noutro por montículos de lixo ou poças d'água estagnada e fétida? Os moradores dos subúr-

266

bios não pagarão impostos, não contribuirão enfim para a manutenção da higiene e do policiamento da cidade?

O nosso desprezo pela árvore faz dor de coração a quem a ame.

Felizmente, na zona do asfalto e da civilização, como disse meu amigo, tem-se conseguido muito nestes últimos tempos. Os oitis são respeitados. Mas nos bairros pobres, onde se anda mais a pé do que de carro e onde as escolas têm entre si grandes distâncias, a árvore é mais que um luxo; é uma necessidade. É um guarda-sol; um guarda-chuva; uma purificadora da atmosfera.

Entretanto, a grande amiga dos pobres só se dá bem nas ruas e nas avenidas de mais luxo?

São estas observações que desejei fazer aqui, onde há tantos anos prego a favor da arborização no Rio de Janeiro.

E aqui tem o meu bom e velho amigo como não quis guardar só para mim as impressões dessa viagem de trinta e cinco minutos de trem e de uma hora de bonde!

***

A mocidade da Escola de Belas Artes começou com a exposição Juventas a ensaiar o seu voo para as brilhantes paragens da glória tentadora.

E ninguém poderá dizer que o voo não seja promissor e brilhante. Há naquela reunião de trabalhos alguns que figurariam briosamente em galerias de arte as mais exigentes. Os expositores devem estar contentes, resta ao público animar-lhes a iniciativa com o seu apoio e a sua frequência.

32

26 de setembro de 1911

Qual de nós, que tenha o hábito de ler revistas e folhear jornais, não conhece de há muito a bela madame Catulle--Mendès, citada pelos cronistas parisienses como uma das mais formosas mulheres da cidade fulgurante, e um dos mais finos espíritos da moderna literatura francesa?

Não errarei, afirmando que nenhum.

Os títulos dos seus livros, a cor dos seus vestidos, a forma do seu penteado, ora ladeado por duas flores enormes, ora aprisionado por uma rede de pérolas ou de fina trama de ouro; as suas atitudes lânguidas, que evocam imagens de célebres princesas bizantinas; o seu sorriso enigmático, o seu *collo de cysne*,[77] digno de reproduções em mármores eternos; os seus dedos afilados, tintos de coral, e os seus olhos sonhadores, rodeados por uma sombra azul; o seu modo de andar e de se mostrar em público, tudo isso, enfim, nós conhecemos muitíssimo melhor mesmo, através da distância, do que as suas próprias poesias, que em vão procurei um dia destes, por todas as livrarias da cidade. Muito desinteressado, ou pouco atilado foi o seu editor, não fazendo preceder a vinda da escritora às cidades americanas por um caixão das suas obras.

De resto, talvez que essa imprevidência comercial dê resultados imprevistos e excelentes para a conferente, porque nos fica assim uma curiosidade intelectual a estimular-nos a vontade de ir ouvir a sua doce voz feminina dizer-nos coisas lindas de Santa Genoveva, de Joana d'Arc ou da mulher da atualidade em França.

E, certamente que esta escritora, que tem a iluminá-la, além dos seus merecimentos próprios, a refulgência de um nome ilustre, terá para com as suas compatriotas

---

77 Em espanhol, "pescoço de cisne". Essa expressão foi muito usada no início do século XIX e se refere ao padrão de beleza que os pescoços das mulheres "deveriam" seguir, sendo parecidos com o pescoço de um cisne: longo, branco e fino. (N.E.)

expressões de afeto e de justiça que ponham em relevo as qualidades extraordinárias do seu espírito e do seu caráter.

Enquanto não chega essa doce hora de literatura francesa, para que o hábito das conferências não fique interrompido entre nós, retumba em um teatro a voz máscula de um orador político, também esse aureolado pelo nome brilhante de dois poetas, Alexandre Braga, seu pai, e Guilherme Braga, seu tio, autor este último do delicioso volume das *Heras e violetas* e do célebre poema "O Bispo", que tamanho alvoroço levantou no seu tempo. Como Ferri, Gaffre, Clemenceau, Jaurés, Alexandre Braga vem de bandeira desfraldada batalhar pelas suas ideias; mas, presumo que não sentirá sob os pés o mesmo tapete macio que há de forrar o salão da bela mme. Catulle-Mendès. Ah, é que a política, conquanto poderosa, tem humores diversos e é toda erriçada, como um porco-espinho. Verdade é que muitas vezes simples motivos literários servem de alvo a setas envenenadas e disparadas sem se saber por quê; ainda quando a mão que as dardeja o faz com franqueza, vá lá; mas, quando se dissimula noutros propósitos, irresponsabilizando as suas alusões ferinas e injustas, é de fazer os alvejados arregalar olhos de espanto. Senhor Deus, quanto mais vivo, mais adoro a franqueza e menos compreendo que se gaste tinta em pingos de reticências, quando se pode gastá-la em palavras claras e diretas.

E por falar em gastar tinta, muito se tem desperdiçado acerca deste impassível morro de Santo Antônio, por cujo dorso sobe agora uma ladeira empedrada, feita parece que ao acaso das circunstâncias. Vejo-o da mesa em que escrevo, envolto pela luz vermelha de um sol afogueado, que lhe queima a crosta barrenta e nua, fazendo ressaltar, a quem quiser vê-la, a miséria do seu corpo de mendigo. Ao menos, graças a não sei que influência, já do lado do convento o adornaram com um palmeiral. Foi um alívio para os passageiros dos bondes de Santa Teresa, que viam antes despenharem-se por aqueles barrancos crianças a quem o impulso da descida poderia pôr sobre os trilhos, embaixo das rodas de um carro. Mas, há melhor.

Noticiou um jornal que um sindicato de capitalistas ingleses mostra-se muito interessado em comprar esse morro para construir nele um grande hotel e um grande parque. Já que o governo não o quer aproveitar, bom será que assim seja e quanto antes.

E que a nossa Prefeitura não pensa em dar àquele maravilhoso torrãozinho carioca uma forma brilhante e definitiva, vê-se muito bem pelas obras de pedreiro que está executando nele e que só podem aspirar a um destino: o de serem desmanchadas!

E, mais tarde ou mais cedo, isso terá de acontecer, quando, obedecendo a uma orientação artística e econômica, se levantar uma planta geral para o aformoseamento de todo o bairro. O trabalho de Penélope, fazer para desfazer, teve intuitos muito especiais para servirem de exemplo a gentes de outras eras, outros gostos e outras necessidades.

O mesmo abandono, a mesma falta de critério no aproveitamento das qualidades naturais do solo para a realização de obras originais e talvez únicas em capitais como a nossa, está concorrendo para que a linda estrada em que eu moro se torne em pouco tempo uma rua banal e talvez, mesmo, desagradável. Entretanto, se tivessem explorado a tempo a situação *sui generis* deste caminho, ainda rústico, ele se teria visto sem grandes despesas, transformado em um dos mais belos passeios do Rio de Janeiro. Não teria sido preciso para isso senão um pouco de tino e de gosto.

Agora, se alguma coisa quiserem tentar nesse sentido, já serão precisos maiores gastos em desapropriações sérias...

Ora, pois, para que tem a gente olhos, senão para ver?

Mas, deixemos de parte os melhoramentos materiais da nossa terra para falar dos seus gostos de arte. Sábado, quando à noite me dirigi, ainda combalida e adoentada, para o Theatro Municipal, levava a certeza de ir encontrar a sala repleta de espectadores, tanto se fala aqui no nosso gosto pela música e no grande interesse que manifestamos pelos nossos artistas nacionais! Ora, era exatamente essa circunstância que me fazia prever a enchente: o concerto, à parte uma ária do *Fausto*, de Gounod, e que mme. Kendall cantou de um modo absolutamente perfeito e admirável, era constituído de músicas dos nossos principais maestros: Nepomuceno, Francisco Braga, Henrique Oswaldo, Carlos Gomes, Gina de Araújo, Vera Dulce e Elpídio Pereira, organizador do concerto e maestro que, aos seus finos méritos de artista, reúne as simpatias da sociedade, pelas gentilezas do seu trato. Desta vez, como em muitas outras, a minha expectativa fora iludida; se o salão do Municipal não estava vazio, estava muito longe de estar cheio e isso comunicou aos meus brios nativos uma sombra de mágoa. O que vale é que a plateia e as duas filas dos camarotes de luxo quase todos cheios, acariciadas pela excelência do programa e a sua execução, aqueceram o frio dos lugares vazios com o calor dos seus aplausos. Por mim, confesso que saí plenamente satisfeita e que tive ímpetos, durante a audição de, rompendo com as convenções que impõem às senhoras uma atitude especial de reserva, pedir *bis* a mais de uma peça, figurando entre elas uma deliciosa composição de Elpídio Pereira – *Minha terra tem palmeiras* – versos de Gonçalves Dias, e que o sr. De Larrigue de Paro cantou muito bem.

33

24 de outubro de 1911

Não sei já quando, mas não há muito tempo, li um artigo no *Jornal do Commercio* em que o seu autor expunha a ideia de se erigir em qualquer recanto verde de Santa Teresa uma herma ao médico que por tantos anos representou neste bairro o generoso papel de pai dos pobres: o dr. Constante Jardim.

Comoveu-me a lembrança, que achei encantadora, e fiquei-me à espera de a ver materializada na brancura de um mármore ou na rijeza de um bronze destinado a perpetuar na montanha desguarnecida o nobre perfil desse homem bom.

Íamos por fim ver prestar um preito público ao sacrifício e à bondade, e isso serviria também como testemunho da nossa civilização. Só grandes povos são

275

capazes de tal justiça. Glorificar o esforço, a piedade despretensiosa, o trabalho continuado de um indivíduo devotado ao alívio do sofrimento alheio sem disso fazer alarde, na simplicidade natural de um verdadeiro amigo da humanidade, oh, isso há de ser bem raro, em qualquer parte do mundo...

Na verdade as cidades estão cheias de estátuas e de outros monumentos erguidos ao gênio dos escritores, ao tino dos estadistas, ao arrojo dos industriais ou à bravura dos guerreiros.

Quem se detiver junto ao pedestal de um destes verá frequentemente, na escultura dos seus baixos-relevos, cenas movimentadas de batalhas célebres, em que se contorcem soldados agonizantes sob patas de cavalos e coronhas de espingardas; sem pensar que a grande glória do herói perpetuada no alto, no bronze provocador dos tempos, surgiu desse amálgama de sangue, carnes pisadas, destruição; ódios de raça e sofrimentos inimagináveis. O momento histórico desse feito assim cristalizado, ou antes petrificado, figura-se a muita gente que o observa como um fato bárbaro e que muitas vezes poderia ter sido evitado... Mas geralmente a glória do que está em cima, brandindo a espada nua à luz do sol, faz esquecer a dor irremediável dos humildes soldados sacrificados, mutilados, arfando na agonia tremenda dos últimos instantes, que juncam embaixo, nas quatro faces do monumento, o chão duro da morte.

Qualquer transeunte que se detiver na contemplação dessa obra de arte não se apieda do martírio dos soldados sacrificados pela medonha carnificina, não vendo ali senão uma coisa: o fulgor do gesto decisivo de um general arrebatado e destemeroso.

Mas, se é justo que se preste homenagem à audácia dos grandes generais e preitos de admiração a espíritos bafejados pela graça superior da inspiração, como o dos poetas, dos historiadores e dos artistas, por que não se há de também prestar igual homenagem a um homem que foi na terra a personificação da bondade útil?

Dirão que a bondade é virtude que uma vontade bem dirigida e firme pode fazer possível, não em mãos de indivíduos, mas em pessoas mediocremente dotadas. Responderei que a essas pessoas tal prova de regeneração poderia servir de estímulo, e ainda estaria nisso uma razão poderosa para que ela fosse levada a efeito...

Realmente, há muita gente que não é tão boa quanto poderia ser, por falta unicamente de uma verdadeira compreensão da vida moral. Deixa essa gente na apatia qualidades que têm inconscientemente e que, aprimoradas pelo exercício, se refinariam até à perfeição. A mim, parece-me que a bondade perfeita aumentará de prestígio à proporção que o sentimento absorvente das vaidades modernas for assoberbando o mundo.

Imaginai que encanto seria ver-se em uma capital febril, barulhenta e moderna como é a nossa, um grupo de adolescentes contemplando o busto de um homem de ciência e de talento superior só porque durante a sua trabalhosa vida ele soube ser sempre essa coisa tão simples e entretanto tão bela: um homem bom.

No seu pedestal, se se tratasse de uma estátua e não de um simples busto, poderiam figurar muito dignamente os emblemas da Piedade, da Abnegação, da Fraternidade e da Inteligência.

Mas não era só como um preito à bondade e à clemência que o articulista, se não me falha a memória, aventava a ideia de se executar um tal monumento em Santa Teresa, mas também como uma prova de gratidão pelo interesse e pelo impulso dado pelo incansável médico aos progressos materiais do bairro.

Basta, porém, ao meu espírito, tão conturbado pelas evidentes provas do egoísmo crescente e feroz da nossa sociedade, uma única razão para justificar tal consagração, a bondade. Sei que essa simples qualidade não faz vibrar de entusiasmo as multidões, mas sei também que na sua singeleza ela tem uma expressão redentora de que as sociedades cada vez vão precisando mais.

Tenho observado que nenhum homem exerce a caridade com tamanha abundância e tão despretensiosamente como os médicos. Nesta época em que os minutos têm som de libras esterlinas, porque tudo se conta por dinheiro, é raro o médico que não dispensa algumas horas do seu dia para a pobreza ou que se negue a este ou àquele, porque não lhe pode remunerar os serviços. Filha de médico que fez sempre da sua profissão um verdadeiro sacerdócio, tenho podido desde criança observar este fato, que ulteriores cenas observadas, quer no consultório do pobre e saudoso dr. Chapot Prévost, quer no do ilustre e incansável dr. Murtinho Nobre, têm confirmado de um modo positivo. Mesmo em Santa Teresa, assisti agora ao devotamento com que um dos seus médicos, o dr. Guilherme de Moura, se dedicou dia e noite à cura de um doente de quem não podia esperar nenhuma recompensa material. É justo que tais dedicações sejam reconhecidas e louvadas, para que não digamos só mal da humanidade...

É por isso que estimaria ver realizada a ideia do artigo a que me referi, e em que a alma da cidade pagaria o seu tributo de gratidão a um homem que tão generosamente a serviu.

E possa o espírito sugestivo da obra inspirar o escultor incumbido de a modelar!

***

Há aqui no Rio de Janeiro um grupo de artistas que me interessa vivamente: o das três irmãs Figueiredo. Parecidas, fisicamente, ardendo todas na paixão da mesma arte, animadas pelo mesmo ideal, vibrando ao sopro do mesmo entusiasmo, elas apresentam todavia a singularidade curiosa e notável de individualidades artísticas bem destacadas entre si.

Amanhã duas dessas artistas, Suzana e Helena, farão o seu concerto anual no Salão dos Empregados no Comércio; e quem as ouvir com a atenção que o seu valor impõe verificará se a minha observação foi ou não justa.

É um milagre ver-se como no Rio florescem as artes, apesar da quase indiferença que o público vota aos artistas... Estes têm boa têmpera.

Não desanimam, e fazem bem. Com pequenos intervalos temos agora os belos concertos de Carlos de Carvalho; do Instituto e das irmãs Figueiredo. E ainda bem que os nossos artistas, seja qual for a sua especialidade, manifestam tamanha dedicação e tão grande coragem.

Se assim não fosse, teríamos agora o prazer de ver, depois de tantas e tão sucessivas exposições de pintura, esta exposição de quadros de Pedro Weingärtner em um salão d'*O Paiz*?

Sem coragem de lutar com o meio para o vencer, não só pelo amor dos seus ideais como pela obstinação do seu trabalho, os artistas não seriam nem os amantes nem os defensores da Arte, mas os seus coveiros!

E desde que falei em arte com *a* grande, quero terminar estas linhas abraçando a artista incomparável, a grande poetisa que é Júlia Cortines, pela sua volta à Pátria, que ela tanto ama e tanto ilustra.

Celina Roxo, Sylvia de Figueiredo Mafra, Helena e Suzana de Figueiredo, diretoras da Escola de Música Figueiredo Roxo, *Fon-fon!*, 1921, n. 29, p. 26. Acervo da Fundação Biblioteca Nacional.

34

9 de janeiro de 1912

Há dias em que parece entrar-nos em casa um diabrete invisível para se divertir à nossa custa, escondendo-nos as chaves das gavetas que exatamente precisamos abrir; mudando a posição dos livros nas estantes quando deles mais carecemos para uma consulta urgente; sumindo-nos as cartas a que temos necessidade de responder; fazendo-nos, enfim, toda a espécie de travessuras pirracentas de que lançamos a responsabilidade para as costas das crianças ou dos criados, na presunçosa certeza de que todas as coisas têm explicação, e de que a maior parte das vezes nem os criados nem as crianças têm culpa.

Mas nem sempre esse misterioso mafarrico se limita a mudar um guarda-chuva, por exemplo, do cabide da saleta de entrada para o recanto do manequim, na sala de costura, só pelo deleite de azedar almas e fazer de lares pacíficos lares atribulados pelo mau humor de buscas e de rebuliços injustos.

Algumas vezes também ele se imiscui, com toda a sutileza, em assuntos melindrosos, de ordem imaterial, e então a sua malícia chega a uma perversidade quase sinistra. E, com estas desordens, o nosso embaraço aumenta, porque não as podemos atribuir a outrem.

Não há homem grave que não tenha dito o seu disparate; não há mulher de espírito que não tenha tido alguma ocasião de parecer estúpida. Quando o relâmpago passa e o raciocínio se restabelece, o fato está consumado e o indivíduo já não tem tempo senão de perguntar-se a si próprio: mas como pude eu dizer semelhante barbaridade?!

Mas dizer, ainda assim, é pouca coisa, em comparação com o escrever, visto que a palavra falada voa e a escrita fica. Ora, conquanto a ponderação dos dedos seja mais pesada que a do cérebro, porque a pena é como que um conta-gotas da imaginação, ainda assim as palavras por vezes se precipitam, outras se diluem ou evaporam de todo antes de caírem no papel, quando não mudam de forma sem ter perdido, para isso, os elementos essenciais.

Ai, então, do escritor...

Foi o que me aconteceu na minha última crônica. Nessa ocasião, positivamente, o malicioso diabrete, em vez de se entreter pelo interior da casa, escondendo objetos materiais, achou preferível entrar no meu escritório e ocupar-se, de um modo mais original, em caçoar comigo. Esperou que eu estivesse com a pena na mão, e quando me viu bem absorvida, alterou a posição das letras de um nome que eu julgava muito convencidamente estar escrevendo, e que era – Melo –, para outro – Lemos –, que não havia razão nenhuma para eu escrever! Com as mesmas letras, exceção de uma, transformou uma palavra em outra palavra e deixou-me entregue ao destino.

Não posso compreender como esse fato se passou, porque de mais a mais eu tinha justamente sobre a mesa, diante de mim, o livro do sr. Miguel Melo – *Eça de Queirós*, de que citava até uma frase do prefácio.

O mais curioso é que repeti o erro, pois duas vezes escrevi esse mesmo nome dentro de um período curto, e só depois de impresso o artigo, lendo-o sossegadamente no meu jardim, à hora matinal, foi que me sobressaltei com a confusão e corri espavorida para a biblioteca, em busca do livro aludido. Teria eu sonhado? Seria efetivamente o livro de Miguel Lemos, quando eu o supunha de Miguel Melo? Mas não, mas não! Cá estava o volume, bem patente sobre a secretária. De modo nenhum eu poderia ter confundido o nome do seu autor. E arregalava olhos de espanto em frente ao fato irreparável, sem poder achar-lhe a explicação. De repente, vem um raio de alegria iluminar-lhe o espírito apreensivo. Tinha resolvido o problema: a confusão fora toda dos tipógrafos. Respirei com força, sentindo a minha consciência aliviada e feliz. Ah, os tipógrafos, que jornalista há que não se queixe deles? Respeitando o seu trabalho, o seu cansaço, as distrações naturais de quem copia milhares de palavras em horas de fadiga e de sono, eu não os apoquento com retificações, nem reclamo se leio uma palavra ou outra trocada em meus artigos, e Deus sabe, entretanto, como isso me incomoda...

Quando tal acontece, porém, atiro desapiedadamente todas as responsabilidades para cima da minha pobre caligrafia, afogando em mim mesma todas essas decepções, de resto inevitáveis a quem trabalha para a imprensa.

Mas, o caso mudava agora totalmente de figura e eu reclamaria aos berros contra a alteração que, não só me prejudicava a mim, como ainda ia ferir um outro autor, que tem jus a toda a minha consideração e ao meu respeito.

Sentei-me à mesa, tremendo de indignação. O tinteiro escancarado abria o seio negro à minha angústia, convidando-me ao desabafo: e, na ânsia de uma reparação imediata, escrevi à administração desta folha uma carta interrogativa e queixosa, com pedido de retificação urgente.

Felizmente, essa carta ainda não tinha partido, quando alguém me vem dizer, avisado por um revisor d'*O Paiz*, que o engano tinha sido meu!

Não se supõe com facilidade o espanto de uma pessoa ao encontrar-se nas absurdas circunstâncias de se tornar repentinamente de acusadora em ré, com mais grave culpa, do mesmo crime que profliga, e do qual não encontra razão explicativa.

Eu não tornei a ver os meus originais, mas, se o revisor, prevendo o meu assombro e naturalmente a minha queixa condenatória, se apressou em me fazer ciente do meu engano (infelizmente quando ele era já irremediável), era porque o erro fora meu, e nada me restava senão confessar a culpa, batendo três vezes no peito com a maior contrição.

É o que estou fazendo.

***

Fui há dias convidada por uma amiga para ir em sua companhia ver um estabelecimento industrial que interessa muito particularmente às donas de casa: a Lavanderia Higiênica da rua do General Polidoro. O assunto daria para uma crônica de vinte tiras de almaço, se eu tivesse agora espaço para obedecer a todas as suas sugestões: comparação desse edifício amplo, claro, feito propositadamente para o fim que preenche, com os quartos de *cortiço* onde ordinariamente se amontoam as roupas dos fregueses e as dos moradores do compartimento; as tinas de pequena capacidade, em cuja água parada as lavadeiras da cidade mergulham as peças de várias procedências e várias utilidades, com os grandes cilindros rotativos, de água renovada, e onde o linho não sofre atritos de nenhuma espécie; falaria das vantagens da sua estufa de desinfecção; dos seus maquinismos simples, modernos, movidos por eletricidade; das suas operárias de aspecto são, bem escolhidas, e entoaria um hino de louvor à iniciativa dos seus proprietários, moços cheios de confiança no futuro e de entusiasmo pelos progressos da nossa cidade.

E nos grandes centros como é o Rio de Janeiro, onde não podemos gozar as delícias de termos a nossa roupa branca lavada nas águas cristalinas de um rio, e corada sobre estendais de madressilva cheirosa, já é uma delícia podermos contar com uma lavanderia, onde não se usam os terríveis ingredientes de que abusam as particulares, como a tal "água sanitária" despedaçadora do linho, e em que este linho não sofre perigo de contágios nem corre o risco de nos trazer para casa certas pragas, infelizmente frequentes nas alcovas apertadas dos cortiços promíscuos. Na impossibilidade material de me deter neste assunto, não quero, entretanto, deixar de enviar daqui os meus cumprimentos aos organizadores da Lavanderia Higiênica, srs. Machado, Christophe & C.

35

16 de janeiro de 1912

*Dia 11, quinta-feira – depois
de ter voltado de um giro pela
cidade, e de ter lido os boletins
sobre o bombardeamento da Bahia,
à porta dos jornais.*

Nos meus ideais maternos pedi sempre a Deus que afastasse do espírito de meus filhos pendores para a política, tão negra e sórdida essa coisa se me afigurou sempre neste belo país, em que abri os olhos à luz do dia. Houve, porém, uma época de atividade pacífica e criadora, que me fez voltar para alguns estadistas brasileiros um olhar de curiosa admiração e simpatia – foi durante o governo do benemérito dr. Rodrigues Alves, a cuja ponderação, atividade e firmeza devemos o único período perfeito que temos tido na República.

É lamentável que, dado tão belo exemplo, a nossa vida tivesse retrogradado, aos saltos de canguru doido, até a selvageria dos dias atuais, em que não há sossego, nem confiança, mas só o temor do esfacelamento e da suprema angústia nacional. Nesta emergência, ninguém que tenha voz deixará de queixar-se, na certeza de que, se às próprias águas do Niágara se poderia pôr um dique, se disso dependesse o salvamento de uma população ameaçada, com maior facilidade se poderá estancar esta corrente de absurdos impatrióticos que se vai alastrando pelo país inteiro, com o grave risco de o fragmentar.

Que seria preciso fazer para que o clamor de indignação e de susto em que nos confundimos se convertesse repentinamente em um hino de gratidão e de louvor? Talvez um simples gesto... Mas os gestos decisivos são mais raros do que a neve nos trópicos, e a mão que o deve executar, chegado o momento da ação, queda-se quase sempre imóvel, supondo-se algemada pelas manilhas de ferro do seu partido, e que a maior parte das vezes só é a da sua vaidade.

Eu não sei se a renúncia do presidente da República, anunciada por esse repórter imponderável e ativo, ousado e diabólico que se chama – o Boato –, alteraria o curso destas tempestades; mas, como me têm ensinado que em uma República presidencial toda a responsabilidade dos fatos recai sobre a cabeça do chefe da Nação, permito-me supor que o ambiente se transformaria com isso radicalmente. Assim como está, verdadeiramente asfixiante, é que ele não pode durar muito.

Dizem que cada povo tem o governo que merece, e nesse caso não nos poderemos queixar daquele que dirige agora os destinos do Brasil.

O que me parece evidente é que nos falta qualquer qualidade, seja de cultura, ou de patriotismo, ou de sentimento de justiça, com que nos façamos respeitar pelos nossos governos; do contrário, não se bombardeariam cidades, fazendo afogar na mesma onda de sangue inocentes e culpados, gente de guerra e gente de paz! E em nome de quê? Só da política, e de política pessoal. Mais nada. Que belo espetáculo para o mundo civilizado!

No liquidar das contas – porque tudo tem fim –, conheceremos toda a extensão dos nossos prejuízos; mas, então será tarde para os remediar ou redimir. Que se fará até lá?

Em geral, nas crises de família organiza-se uma assembleia de todos os seus membros, e procura-se de comum acordo chegar-se a uma solução digna e urgente. Submetido o caso à discussão geral, salta às vezes a palavra que o ilumina e resolve da boca de uma criança. Por quê? Porque era essa a pessoa isenta ali das paixões que o complicavam, a pessoa inocente que não tomara parte na discussão, senão na ocasião oportuna, observando o fato discutido sob o influxo da sua pureza, da sua imparcialidade e da sua lógica.

Desgraçadamente, tais vozes nunca são ouvidas nos dias de tempestades políticas, em que revoluteiam despeitos no ar; em que se debatem sentimentos pessoais infimamente mesquinhos; em que os mandões irritados mais se inflamam, e em que todos menos se entendem!

De que peito sairá a palavra da verdade e da redenção?

Faltam-nos estadistas superiores, em que o povo tenha fé. Olha-se alucinadamente para todos os lados, e de nenhum deles se vê surgir quem tenha em si o poder maravilhoso de aplacar ódios e assegurar à Pátria um largo período de paz e de felicidade.

Dizem que os homens aparecem nas ocasiões. Francamente: que melhor oportunidade haveria para isso do que esta?

Que tristeza. E que vergonha...

***

*Dia 13, sábado – depois
de ter lido n'O Paiz a carta
do ministro da Marinha,
almirante Marques de Leão,
ao sr. presidente da República.*

Fui injusta para com os homens do meu país.

A dor não tem a faculdade de facetar e aperfeiçoar as almas, senão depois de adormecida. Na crise da sua maior violência, ela vê tudo sob o mesmo aspecto de cólera ou de inclemência. Quando há dois dias escrevi as minhas palavras de angústia, erguendo nas mãos trêmulas a velha lanterna de Diógenes[78] à procura de um homem justo, eu tinha os olhos nublados por uma espessa névoa de lágrimas, e talvez por isso não me foi dado descortinar vultos sinceros nos vastos arraiais da nossa desoladora política. Mas esta carta que eu acabo de ler não revela um caráter à parte e um coração de patriota mais pronto a sacrificar-se do que a transigir com fatos com que não está de acordo?

Que nos valha ao menos esta consolação!

***

Dia 14, domingo – depois de
ter lido nos jornais a notícia da
sessão de sábado no Supremo

---

78 Referência ao filósofo grego Diógenes de Sinope, também conhecido como Diógenes, "o Cínico", que saía, em plena luz do dia, com uma lamparina em busca de homens honestos, os "verdadeiros homens". (N.E.)

*Tribunal, em que Rui Barbosa
impetrou* habeas-corpus *em favor
do sr. Aurélio Viana.*

A prudência dos senhores ministros, determinando esperar até a sessão do dia 27 para deliberarem sobre um assunto de tamanha urgência, faz-me pensar que teremos nestes treze dias tempo de sobra, não só para as informações de que o tribunal precisa, como para o completo arrasamento da pobre capital baiana...

Tanto se tem vivido, tanto se tem estudado, e como são ainda certas coisas imprevistas e confusas!

Eu não me pejo de confessar a minha ignorância política; e é por isso que tenho indagado qual pode ser o objetivo destas desastradas intervenções militares nos estados. Qual será o fito desejado – a ditadura militar?

Seja o que for, há uma sombra que cresce diante de nossos olhos...

36

30 de janeiro de 1912

Caminhar pelas ruas de Santa Teresa num dia de verão às horas de sol quente é uma história que só pode saber bem a monges carecidos dos agridoces flagícios da penitência.

Quem não tenha grandes ambições de bem-estar na vida eterna será de bom conselho desistir de semelhante empresa ou adiar tais caminhadas para os instantes do crepúsculo ou do alvorecer.

Já tenho dito várias vezes, sempre que me posso referir a este velho bairro, a que tão bem caberia a doce e refrigerante denominação de umbroso, que não há em todo o Rio de Janeiro outro mais desabrigado nem mais nu. A montanha verde, em que deveriam chilrear aves felizes e murmurar águas frescas, só tem árvores e flores dentro das suas chácaras e dos seus quintais.

A própria floresta natural perde os seus mais belos exemplares de plantas vigorosas pela devastação do machado ou das tempestades, sem que os guardas florestais, que ninguém vê nem conhece nas altas regiões entre a Carioca e as Paineiras, as defendam nem as replantem.

Quem já tenha percorrido a rua Aprazível de ponta a ponta, aí pelo meio-dia, ou tenha descido até a cidade pela rua do Aqueduto, ou mesmo pela de Monte Alegre, dirá se minto.

As calçadas imprimem às solas das botinas verdadeiros sinapismos de esfolar a pele dos pés, ao mesmo tempo que a luz ampla e forte ofende a retina numa ofuscação estonteadora, quase dolorosa.

Basta dizer que não há bairro hoje nesta capital que não tenha o seu jardim público com o competente coreto para a música domingueira. Santa Teresa não tem nada.

Mas, confesso, cada vez que peço árvores para as descascadas ruas desta linda montanha, verdadeiro miradouro da formosa Guanabara e de toda a cidade que se derrama a seus pés, assalta-me um medo atroz de que façam a arborização de um modo incompleto, sem estudos prévios, de que possam tirar todo o partido que oferece um local tão privilegiado! Foi por isso com um sobressalto de alegria que li há dias um projeto de embelezamento, firmado pelo dr. José Mariano Filho, com relação a tão lindo e tão abandonado lugar.

Vê-se que esse projeto obedeceu a um estudo sério e que foi iluminado pelo gosto de um verdadeiro artista. Infelizmente, eu não espero vê-lo adaptado nem realizado tão cedo, pela simples razão de ser completo.

Nós não temos coragem para as obras definitivas. O medo que temos de gastar dinheiro com objetos úteis, de benefício geral, só pode ser equiparado à facilidade que temos em gastá-lo com assuntos, a bem dizer, de interesses individuais e partidários. Pois é pena.

Bom seria que o governo aproveitasse desde já a boa vontade deste brasileiro, cuja competência o próprio projeto evidencia, para o fazer transformar um trecho da cidade, destinado pela natureza a ser a sua maior maravilha, e que está ainda, como uma preciosa pedra bruta, à espera do seu lapidário.

A estrada que, serpeando morro acima, levasse o viajante desde o viaduto dos Arcos até o alto do Silvestre, ou até as doçuras inigualáveis do Sumaré, sendo feita como a descreve o dr. José Mariano, seria talvez no seu gênero a obra de arte de maior beleza e de maior poesia no mundo inteiro.

E deixemo-nos de modéstias e de fazer pouco caso do que é nosso, porque sempre é um prazer ter a gente certeza de certas superioridades.

296

Apuremos a fibra do bairrismo no sentido de melhorar quanto possamos as condições de beleza da nossa cidade, certos de que com isso nada teremos a perder, mas, tudo a ganhar.

Há, porém, um problema de que não cogitou o autor do projeto em questão, e que está pedindo de mãos postas que o resolvam de parceria com o outro: é o do morro de Santo Antônio. Ah, eu ainda não desanimei, nem deixarei de clamar a favor do infeliz, sempre que se me depare ocasião para isso; e esta é magnífica!

Ligados pelo aqueduto dos Arcos – que o projeto pretende transformar em um largo viaduto –, os dois morros de Santa Teresa e Santo Antônio formam como que os dois seios da nossa capital. Abstraindo da ideia de que um destes peitos é maior do que o outro, não é justo, ainda assim, que a um se dê tudo de que ele carece e ao outro não se dê coisa nenhuma!

A minha opinião é que o sr. dr. José Mariano deve completar agora os seus estudos, fazendo com que a linda estrada que delineou para Santa Teresa, e que mais tarde ou mais cedo terá de ser feita (e neste caso melhor seria que o fosse já), irradie a sua beleza, além do viaduto, por avenidas circulares, terraços floridos e o parque que em cima coroasse com o seu diadema de esmeraldas o pobre morro de Santo Antônio.

Note-se, para inteiro conhecimento da minha imparcialidade, que visto à noite das minhas janelas o morro de Santo Antônio, tosco e sem iluminação como está, dá uma impressão de encanto muito singular e de grande poesia, dentro do panorama luminoso de todo o resto da cidade. Mas como a minha veleidade não me faz chegar ao ponto de pensar que o Rio de Janeiro foi feito para mim só, não cessarei de pedir para o bem de todos que tratem afinal de civilizar aquela dura terra de crosta vermelha, que à menor enxurrada se desfaz em ondas de sangue com que atola as ruas e praças da cidade baixa.

Não ouso já com ânimo tranquilo solicitar os prefeitos para este assunto, a que todos eles têm ligado uma atenção vaga, ou antes: a que nenhum deles ainda prestou nenhuma atenção. De resto, o pobre Santo Antônio perdeu a faculdade de realizar milagres, e até parece vítima de bruxedos; será talvez por isso melhor deixá-lo a sós com a sua miséria e a sua má fama...

Mas agora que alguém olha com imprevisto carinho para Santa Teresa, a minha pena, ainda surpreendida, não pode deixar de apontar semelhante fato como um fenômeno que a enche de espanto, e de pedir ainda uma vez misericórdia para o infeliz.

Louvado seja Deus, que ainda há quem tenha olhos de artista e de poeta nesta nossa terra!

Agora mesmo, à hora em que escrevo estas linhas, levantando casualmente os olhos para a janela aberta em minha frente, deparei com um dos quadros mais belos que tenho visto em minha vida. Além da baía cor de ardósia, num fundo iluminado de céu cor de ouro e verde-claro, toda a enorme faixa da serra dos Órgãos se desenha em azul negro com todas as suas saliências e contornos maravilhosamente bem acentuados e visíveis. É um esplendor. Para que esse espetáculo, e tantos outros lindíssimos de aspectos diferentes sejam facilitados a muito maior número de pessoas, é que o dr. José Mariano quer fazer das estradas de Santa Teresa caminhos suaves, a cuja sombra cheirosa seja doce parar para se ver o que há de lindo a ver-se na deliciosa montanha.

É teimar; é teimar!... Quem sabe?

José Mariano Filho e sua esposa, *Fon-Fon!*, 1908, n. 19, p. 10. Acervo da Fundação Biblioteca Nacional.

Fac-símile da primeira página de *O Paiz*, edição de 13 de fevereiro de 1912. Crônica sobre a morte do barão do Rio Branco, considerado um dos maiores estadistas e diplomatas da história brasileira, que ocorreu no dia 10 de fevereiro de 1912.

37

13 de fevereiro de 1912

Nunca as paredes espessas de um palácio se tornaram transparentes à curiosidade aflita de um povo, como as do Itamaraty, nestes nefastos e longuíssimos dias de angústia nacional.

A cadeira e o leito em que o barão do Rio Branco tão tenazmente lutou com a morte invencível pareciam estar colocados diante de todos nós, de modo que, de toda a parte, a cada arfar mais penoso do moribundo, se estendiam para ele braços ansiosos, no desejo insensato de o auxiliar nessa tenacíssima e heroica resistência.

Mas a morte é sempre a mais forte; deixou-o debater-se e, quando quis, cerrou-lhe as pálpebras com os seus dedos de gelo e aquietou-lhe o coração. Suprimiu o homem e entregou o seu nome à história.

Possa ao menos esse nome luminoso e querido servir-nos ainda de farol nos encapelados mares em que navegamos.

***

Como as crianças, o povo necessita de crer na infalibilidade de alguém, que o defenda nas horas de perigo. Um menino medroso adormece sereno no seu leito, só pelo simples motivo de saber que sua mãe, que é, às vezes, uma mulher franzina, vela na sala próxima.

A fé no grande amor daquela mulher, capaz pelo filho de todos os sacrifícios, dá-lhe uma forte impressão de tranquilidade e de segurança. Ter alguém por si, eis a suprema felicidade para toda gente. Nós tínhamos alguém por nós, e, vê-lo desaparecer, sentimo-nos desorientados como uma criança às escuras! Por mim, quando os boletins médicos me anunciaram a próxima morte do barão, foi como se visse a minha terra ameaçada da catástrofe tremenda de um terremoto e alvoroçada em guerras, que a sua mão benfazeja, pacificadora e, por isso amada, soube sempre evitar.

É como o grande amigo, o grande fomentador da paz em nosso continente, que o vulto grandioso desse estadista mais se impôs sempre à minha veneração.

Queiram as fadas que algum espírito robusto, de grande envergadura, se erga entre nós com o mesmo empenho humanitário e patriótico, e o realize com igual esforço, embora sem a mesma clarividência, por não me ser lícito desejar demais!

Quando há menos quatro anos morreu em Minas o dr. João Pinheiro, lembro-me perfeitamente da impressão de abandono que todos nós sentimos, e, a bem dizer, o dr. João Pinheiro era apenas uma esperança, mas uma grande esperança, como que o *pivot* sobre o qual giraria dentro em pouco, não um mundo de decepções e de vaidades nefastas, mas um verdadeiro mundo de trabalho honesto, de justiça e de paz.

A figura angulosa e seca desse mineiro de belas teorias e doces promessas soube inspirar à nação uma simpatia tão sincera, que toda ela se confrangeu ao sabê-lo morto.

O povo não se engana nos seus instintos; se acreditava na pureza de intenções daquele homem e na elevação dos seus ideais, é porque na sua singeleza o percebia voraz e bom.

A notícia da sua morte ressoou, por isso, por todo o país, com a soturna bulha do desmoronamento da última catedral em que ainda uma multidão de crentes tivesse fé.

Depois da morte de João Pinheiro, teve uma expressão profundamente significativa a do grande estadista que foi Joaquim Murtinho, espírito forte e inflexível, insensível ao afago da popularidade, mas profundamente dedicado aos seus ideais e absolutamente dominador da sua vontade.

A morte destes três homens – João Pinheiro, Murtinho e Rio Branco –, se foi cada uma, de per si, uma grande tristeza para a Pátria, foi individualmente, para cada um deles, uma felicidade. Ponho de parte a pessoa de João Pinheiro, que era ainda moço e não chegou a realizar o seu programa político, tendo embora a glória de deixar, pelo menos, um discípulo, cujo nome não escrevo, para não pôr nesta crônica de saudades o nome de um vivo.

A felicidade que atribuo aos outros dois é a de terem morrido em pleno fulgor do seu prestígio, antes dessa hora amarga da decadência em que a vida parece retrogradar, em vez de progredir, e que, ai de nós, fatalmente chegará a todos os que morrerem tarde.

Para as mediocridades isso pouco importa, mas, para os super-homens, essa contingência é por demais humilhante para que lho desejássemos.

A minha sentimentalidade de mulher tem, porém, uma pena, é que o barão (como carinhosamente nós aqui o tratávamos e bem notou um jornal estrangeiro) não tivesse tido conhecimento do enorme interesse com que de toda a parte do país, gentes de várias classes e condições lhe mandavam as suas receitas caseiras com o empenho sagrado de lhe dar a vida e saúde.

É tão bom sentir-se a gente amada nos dias de sofrimento e de miséria! E a todas essas pessoas que estão agora certas de que o barão morreu por não lhe terem ministrado as suas mesinhas, nada poderá responder a medicina oficial. Ordinariamente o povo tem tão grande confiança nos seus remédios familiares, que não admite a probabilidade de haver casos em que eles não atuem para bem! E a fé que ele tem nas suas receitas benéficas, carecemos todos nós tê-la na justiça e na bondade de alguém que possa cooperar para a felicidade da nossa terra. *Sursum corda!*[79] Não nos deixemos abater, façamos o possível por que o clamor das nossas almas, ansiosas de tranquilidade, de paz e de progresso, sugira a outrem o dever de nos guiar no meio destas tristonhas e assustadoras trevas.

Quem será?

A formação da capacidade não se improvisa. É o trabalho lento do estudo, da observação, da experiência na maior parte de uma vida.

Supondo mesmo a existência de um outro homem com todas as qualidades individuais de Rio Branco – o que é raro ainda nos países de mais vasta e mais derramada cultura –, nem por isso esse homem poderia manter à mesma altura a continuação da obra formidável do nosso extinto chanceler, porque, além dessas qualidades, seriam necessárias ao complemento da capacidade espe-

---

79 Em latim, "Elevem seus corações!". (N.E.)

cial para o cargo exigida outras que ele adquiriu pouco a pouco no contato demorado com outras civilizações, outros homens, outras instituições, outras formas políticas, outros governos de povos diferentes, outros interesses, outra cultura, outras tendências, outras aspirações, outra visão do progresso, outras necessidades nacionais, outra compreensão da vida, outro destino histórico, outra grandeza, outros sentimentos e, finalmente, outra alma. Estudando, observando, comparando por uma tendência natural do espírito, é que se pode formar um critério de sólida estrutura que possa orientar na prática um homem a quem venha a caber o trabalho gigantesco de criar, estabelecer, manter e guiar a política, não já de um país, mas de grande parte de um continente, equilibrando-a, sem o parecer, ou parecendo-o o menos possível, com a sua influência pessoal, com o seu prestígio adquirido por uma verdadeira superioridade mental e moral, que evita erros graves, neutraliza vaidades, desvia lutas, apara golpes de perfídia ou traição, e nos momentos em que forças ocultas ou latentes parece conjurarem-se para um ataque, acha por um ato de energia, de inteligência, de serenidade e de sabedoria o meio pronto de combatê-las, desconjuntá-las, aniquilá-las, conservando-se num foco de luz imenso e radioso.

Figura assim admirável só tivemos uma revelada até hoje – Rio Branco. Ela é singular na história da América

Latina, e tão cedo não poderá repetir-se. Há de haver, porém, no nosso Brasil, outros homens de valor que possam seguir o luminoso caminho traçado pelo gigante, se não com igual brilho, ao menos com boa vontade, inteligência e patriotismo. Oxalá que o grande exemplo possa estimular e guiar aqueles a quem tenha de caber a tarefa árdua e formidanda de lhe suceder, e possa a glória do morto imortal iluminá-los sucessivamente de alguns dos seus raios, de modo que a história da diplomacia e da política internacional do Brasil continue a acrescentar-se de páginas fulgurantes e a encerrar uma boa parte do nosso patrimônio moral de povo, de "povo laborioso e manso, desta terra farta como as colmeias em que sobra o mel".[80]

---

80 Referência a uma frase utilizada pelo barão do Rio Branco no Congresso Científico Americano, de acordo com Liberato Bittencourt ("Psicologia do Barão do Rio Branco", in *O Barão do Rio Branco visto por seus contemporâneos: série de artigos publicados pela Revista Americana, em abril de 1913*, org. Fundação Alexandre de Gusmão, Brasília: Funag, 2002, p. 127. Disponível em <http://funag.gov.br/loja/download/110-Barao_do_Rio_Branco_visto_por_seus_contemporaneos_O.pdf>. Acesso em 8 ago. 2024).

38

20 de fevereiro de 1912

Foi uma acertada resolução a que levou o sr. dr. Julio Furtado, diretor de Matas e Jardins do Rio de Janeiro, a visitar as capitais Santiago do Chile, Buenos Aires e Montevidéu. Ornamentador da nossa cidade, S. Ex.ª procurou certamente com essa viagem, não só repousar dos seus consecutivos labores, como renovar também a sua visão artística.

Na verdade, um homem encarregado de embelezar uma cidade de tão variados aspectos, como esta em que vivemos, precisa mais do que ninguém de observar com toda a atenção modelos, estilos e práticas diferentes das que emprega, com o mesmo critério que leva escultores e pintores a procurar incentivo e lição em museus de arte de outros países.

O Rio é uma tela enorme e muito desigual, para poder ser pintada toda ela por pinceladas homogêneas. Cada arrabalde tem uma feição especial e requer para a planta dos seus parques ou a arborização das suas ruas desenhos e árvores condizentes com o seu modo natural de ser. À beira das praias a paisagem terá forçosamente de ser organizada de um modo diverso daquela que tenha de aformosear a estreiteza de um vale, como as Laranjeiras, ou a amplidão de planícies secas, como as dos subúrbios, ou o solo arredondado de montanhas, como Santa Teresa. Cada um dos nossos bairros pode ser considerado como uma cidade de condições especiais e à parte; estudar o seu caráter, guarnecê-lo com distinção, mas com um estilo que lhe seja adequado, é uma empresa que só pode ser realizada por quem tenha do mundo variado e das coisas um conhecimento direto e não apenas teórico. Todos nós sabemos que os livros, as gravuras e os mestres ensinam muito, principalmente a quem já tenha aptidões individuais bem acentuadas para o gênero de arte a que se dedica; mas não ensinam tudo. O ar, o sol, as areias, os hábitos de cada país dão com a sua cor, o seu ambiente, uma alma nova mesmo às coisas velhas, fazendo-as sugerir gostos e ideias aproveitáveis.

Se o sr. dr. Julio Furtado tivesse lido sempre as crônicas que todas as terças-feiras *O Paiz* publica neste lugar, ter-se-ia lembrado simultaneamente do morro de Santo

Antônio e de mim, ao passear pelo cerro de Santa Lucía, na capital do Chile, que ele diz ser "um dos mais belos trabalhos de arquitetura paisagista que temos visto".

Observaria então que não fui injusta para com esse abandonado torrão carioca, comparando-o ao morro chileno e desejando para ele adornos semelhantes, senão melhores.

Chamamos já o Rio, com justificado orgulho, uma cidade de jardins; mas não é preciso pensar muito para verificar que precisamos ainda de muitos mais. Principalmente precisamos de árvores de sombra. Grande parte, senão todos os subúrbios poderiam ser transformados num bosque, e para isso só haveria o trabalho de arborizar ruas, praças e estradas com exemplares de plantas robustas, de grande copa.

Quem se perde por aqueles sítios à hora do sol em dia quente – e lembremo-nos de que o nosso clima é tropical e por isso os dias frescos são nele exceção –, ou volta para casa sem pele, ou cambaleia de insolação e tem de ser recolhido a qualquer farmácia até que o sol abrande...

Tendo necessidades opostas e opostas aparências, cada um dos nossos bairros requer carinhos e atenções especiais. O Rio de Janeiro não é uma cidade, é um país, em que cada arrabalde representa o papel de uma outra terra, onde até a própria língua sofre às vezes alterações singulares...

A viagem do diretor das suas matas e dos seus jardins a países estrangeiros só lhe pode trazer benefícios. Todos os que trabalham e se interessam pelos progressos do seu país encontram sempre novos recursos de ação eficaz nas viagens em que há pretexto para renovação de ideias e para estudo. O dr. Julio Furtado condensou em um pequeno volume nitidamente impresso, de que agradeço um exemplar, as suas impressões sobre Santiago, Buenos Aires e Montevidéu.

***

Domingos Barbosa, da Academia Maranhense, mandou-me também um livro seu – *Silhuetas* – que li com vivo interesse da primeira até à última linha e sem interrupção, tanto me agradou o seu estilo claro e despretensioso. São doze capítulos, fixando cada um deles o tipo de um homem superior desse estado, intelectual, mas fixando com traços em que a delicadeza e a admiração fazem ressaltar as qualidades dos retratados. Deram-me esses capítulos o duplo prazer de uma agradável leitura e a de ficar conhecendo maranhenses ilustres.

***

De Paulo Barreto, dois livros! Este escritor fecundo não se contenta de publicar uma obra isoladamente – manda-as

311

logo aos pares! Principiou há tão poucos anos e tem já no catálogo quinze volumes, fora as que terá nas gavetas da sua secretária e da sua fantasia. Eu acho fantástico como neste país de tanto calor e de outras calamidades ainda mais desanimadoras, um escritor, que é ao mesmo tempo um jornalista ativíssimo, possa escrever tantos livros conservando [ilegível] o seu estilo leve, [ilegível].

E por [ilegível] dois livros de Paulo Barreto, meus cumprimentos à literatura nacional, que não deixa de ser uma senhora muito egoísta – porque recebe muito... e não dá nada.

**

O carnaval nunca me divertiu excessivamente, posto que nele só me aborreça e me irrite os nervos o barulho infernal dos batuques e *zé-pereiras*, mas reconheço que, sendo ele, como de fato é, a nossa única festa popular anual, é unicamente no seu tríduo ruidoso que a nossa população tristonha, macambúzia e sempre *nero-vestita*[81] expansivamente se diverte.

Ora, privar uma população inteira da única festa que a alegra, que a transfigura, que a faz abandonar por umas

---

81 Em italiano, "vestida de luto". (N.E.)

três dezenas de horas a sua ingênita melancolia, é uma crueldade e uma inépcia. Algumas pessoas, aliás, bem-intencionadas, tentaram fazer transferir os folguedos do carnaval em homenagem à memória do Grande Chanceler, prolongando assim o luto da Nação e o sentimento da saudade viva do morto imortal.

Mas o sentimento não se impõe a ninguém, e muito menos às massas.

Tendo prestado a Rio Branco todas as homenagens – que era possível prestar-lhe –, com visível recolhimento e sinceridade, durante os sete dias do costume, o povo entendeu – e convenhamos que não entendeu mal, porque a vida da Nação continua por mais falta que lhe façam os seus filhos ilustres que desaparecem – que do oitavo dia em diante podia retomar os seus hábitos e prosseguir a marcha da sua vida. Ora, aconteceu que esse oitavo dia era o primeiro da sua única festa. Pensaram os opositores desses folguedos que a simples insinuação de uma transferência bastaria para que toda a gente ficasse em casa e por si mesma a população dispensasse o carnaval; mas, à cautela, apelaram para os poderes públicos e tiveram a única resposta que eles poderiam dar – que não era da sua alçada a transferência; efetivamente não o é –, porque não é uma festa nacional, mas católica, ou tolerada pelo catolicismo, que no seu calendário lhe marca a época própria e intransferível, porque a ele estão ligadas outras solenidades que não podem ser adiadas.

Alguns jornais apoiaram a transferência, outros não; mas todos no domingo noticiaram que o carnaval fora transferido para abril. Viu-se, porém, que isso de nada serviu, a não ser para produzir dois males – fazer parecerem uma falta de respeito à memória do nosso morto os folguedos carnavalescos e tornar estes menos alegres, pela falta das bandas de música, que lhes dão uns visos de arte entre a estridência dos zabumbas e das gaitas. O povo não transferiu o carnaval e no domingo encheu a avenida, como de costume: houve gritos, batalhas de *Rodo* e de *Vlan*,[82] carros e autos com famílias em longas filas duplas, atropelos, causados de propósito por grande parte da nossa mocidade chamada esperançosa, fantasias, máscaras, pijamas, troças e toda a farandolagem do costume. O povo quis o carnaval, como quis – e até com sacrifício da própria vida – levar Rio Branco ao cemitério, porque, como houve quem dissesse na ocasião e os jornais o repetiram, Rio Branco era do povo. Agora, sem proferir as palavras, veio também afirmar pelo fato na avenida: "o carnaval é do povo."

---

82 Batalhas de lança-perfumes das marcas Rodo e Vlan, importadas da França e da Suíça. (N.E.)

O enterro do barão do Rio Branco, *O Malho*, 1912, n. 492, p. 17. Acervo da Fundação Biblioteca Nacional.

39

27 de fevereiro de 1912

Há dias, no largo salão de uma secretaria, dizia-me alguém admirar-se de me ver embarafustar ultimamente, de vez em quando, pelo pedregoso terreno da política, deixando de lado os caminhos relvosos do campo literário, onde, graças a Deus, sempre me aprouve perder os passos.

Mas, diga-se: quando uma pobre criatura está dentro de um círculo em que ao menor dos seus gestos esbarra com as mãos nas correntes afogueadas da política, em que ao menor esforço dos seus pulmões aspira um ar saturado de ameaças políticas, e onde ao mais rápido relancear dos seus olhos descortina visões políticas que a entristecem, de que poderá falar essa criatura? Do sol, das estrelas, das coisas divinas, imutáveis e serenas que lhe povoam o espírito de sonhos e a alma de bons desejos? Não; por mais idealista que seja essa criatura, ela falará das arranhaduras que lhe magoam os dedos, da atmosfera pesada que a sufoca, ou dos quadros confusos e inexplicáveis que vê esboçarem-se no fundo da sombra para que olha. É o meio. Quem vive hoje, no Rio de Janeiro, seja homem ou mulher, criança, moço ou velhinho, há de fatalmente imiscuir-se na onda torva da política, não porque nela mergulhe espontaneamente, mas porque por ela será arrebatado, mesmo a contragosto.

Já era demais. De manhã as folhas não nos falavam de outra coisa; à mesa do almoço entre o *tutu* e a *roupa velha* com molho de tomate, surgiam a cada garfada novos comentários políticos, à guisa de aperitivo que, de resto, só conseguiam enraivecer o dono da casa contra as inabilidades culinárias da sua cozinheira; ao recolher da rua para o jantar até as próprias crianças, coitadas, traziam, na ponta das linguinhas inocentes, ditos ferozes contra a situação! Alguns dos pequenos mais arrebatados traziam mesmo às vezes arranhões na pele por se terem agatanhado na hora do recreio com os seus adversários... políticos. E à mesa do jantar, como à hora do almoço, como à do *lunch*, com visitas, quase sempre senhoras, em vez de se falar em feitios de chapéus e de vestidos, criticavam-se telegramas, lamentavam-se situações, receavam-se tumultos, afligiam-se as almas.

Nesta contingência, como escrever algo diferente? Era impossível...

E ora, como afinal de contas a obsessão continua, só me ocorreu um meio para esquivar-me à sua tirania: fugir.

Fugir para onde as nuvenzinhas doiradas da minha fantasia possam flutuar sem medo de negrores borrascosos que as desfigurem para sempre; fugir para onde não se discutam assuntos de interesse nacional, nem se ouçam tiros que, a toda hora, nos parecem de revolução!

Quem já uma vez tenha ido a Caldas[83] não se admirará que fosse o nome dessa terrinha sossegada o primeiro a ocorrer a um espírito necessitado de um pouco de repouso. Clima excelente, sociedade agradável, vida modesta, águas milagrosas, ela acena de lá aos que amam todo esse conjunto de coisas plácidas, com um gesto amável e convidativo. E lá me vou passar uns dias em Caldas (porque esta atmosfera política até me fez reumatismo) com escala por terras de São Paulo, onde abraçarei amigos de quem tenho saudades, e tornarei a ver sítios que tenho refletidos no coração, espelho em que as imagens permanecem, tanto mais perfeitas quanto mais distantes...

---

83 A autora pode estar se referindo à cidade de Caldas, no sul de Minas Gerais, ou a Poços de Caldas, que em 1889 havia sido desmembrada de Caldas, tornando-se também município, e na época era frequentada por famílias abastadas e personalidades como Rui Barbosa, Santos Dumont, Olavo Bilac e João do Rio. (N.E.)

De Santos, de São Paulo, de Campinas, mandarei em leves retalhos de papel as novas impressões que o seu progresso e a sua feição nova me sugerirem – porque todas essas cidades têm certamente mudado muito de aspecto nestes últimos anos pelo impacto da sua atividade e da sua crescente civilização.

Não serão para mim propriamente umas cidades novas, mas são já umas cidades diferentes das que há tanto tempo conheci.

Escrevo estas linhas apressadas à hora do fazer das malas, hora que seria para mim deliciosa, se eu não me desgarrasse sozinha, deixando em casa todos que amo.

Assim, neste enleio já saudoso, em que o coração lamenta o que deixa e o espírito se anima pela ideia de novas perspectivas da vida brasileira, nem sei que livro escolher para companheiro de viagem, nem que assunto colher para esta crônica que por aqui vai caminhando ao Deus dará.

Quanto ao livro, a bem dizer, fornece-o a própria viagem, em que de minuto a minuto a paisagem muda e a sociedade apresenta aspectos diferentes.

Fui sempre uma péssima leitora, quer a bordo, quer em caminho de ferro, e admiro a paciência e a atenção absorvida de certos indivíduos, que se acomodam num banco de vagão ou numa cadeira de convés, e mergulham o espírito nas páginas de um volume qualquer, completamente alheios ao que se passa ao redor de si. Talvez isso seja uma felicidade que, na ânsia de viver a vida real e de ver com os meus olhos o que me seja possível ver neste mundo sublunar, de que sou grande apreciadora, eu não chegue a compreender, nem mesmo nas horas em que me aborreço! Em trânsito sou absolutamente incapaz de compreender qualquer leitura, seja ela de ponderações ou de frivolidades.

Aboletada num hotel por longo prazo, então, sim. Criado um ambiente de tranquilidade, sinto-me apta para a leitura de livros. Mas, do embaraço da escolha destes, desde já tira-me a ideia da biblioteca que possui em Caldas o ilustre médico dr. Pedro Sanches, biblioteca pelo menos tão grande quanto a amabilidade do seu proprietário. Espero que esta revelação não proporcione a esse senhor pedidos importunos de veranistas desocupados, tanto mais que quem a fez se opõe ao sistema de pedir livros emprestados por já ter, por certas concessões, perdido algumas obras de grande estimação.

Se algum serviço me prestar essa biblioteca, onde há de tudo, será o da sugestão, e nada mais. Fique isto bem claro. De resto, é preciso dar trabalho aos correios, e fazer viajar a literatura por si só, sem a contingência subalterna de ir num fundo de mala, como coisa inerte, entre roupa branca e caixas de calçado.

Se eu fosse livreiro, haveria de moer a paciência dos legisladores até convencê-los de criar uma multa para toda a gente que pedisse aos outros livros emprestados.

Para os que não possam ou não queiram despender uns tantos mil-réis em volumes de que necessitem, tem a Biblioteca Nacional as suas portas abertas até às nove horas da noite. E como apetece ler naquele belo salão! Eu não passo por ali que não me sinta tentada a subir aquelas largas escadas, para ir saborear lá dentro, na doce mansão retirada e silenciosa, o convívio de um mestre da nossa língua ou da literatura mundial; e é sempre à biblioteca que me ocorre levar qualquer estrangeiro ilustre que nos visite, que eu acompanhe, e a quem deseje demonstrar o nosso adiantamento intelectual. Aquele edifício é para mim uma espécie de Corcovado da nossa civilização! A pena que tenho e que julgo comparticipada pelo seu distintíssimo diretor é, quando em tais condições me debruço do alto das galerias do salão de leitura mostrando-o aos visitantes por quem me interesso, não o ver completamente cheio de leitores...

Perdão; acabam de me interromper, creio que pela vigésima vez este artigo, e, perdido o fio do que estava dizendo, se é que de fato eu estava dizendo alguma coisa, acho melhor parar aqui, apesar de que só, ao chegar ao fim, é que me lembro de que já tinha anotado alguns assuntos de interesse geral para esta crônica!

É a eterna confusão das "atrapalhações da última hora...".

Até Santos!

40

23 de abril de 1912

Entre a canção francesa que diz que os portugueses são sempre alegres, e a asseveração da grande escritora Maria Amália Vaz de Carvalho, minha querida amiga e mestra, num dos seus magistrais artigos no *Jornal do Commercio*, de que o povo português é tão irremediavelmente triste que justifica o conceito de um escritor espanhol qualificando-o, num livro publicado há três anos, como um povo de suicidas, há diferença que basta para desnortear qualquer espírito empenhado em bem conhecer a verdadeira índole dessa raça, sempre considerada como uma das mais audazes e amoráveis da terra.

Entre o conceito do francês risonho e do espanhol trágico, perfeitamente antitéticos, esperemos que ressalte o meio-termo, e que os portugueses nem sempre estejam a estorcer-se de riso nem a disparar revólveres contra o peito.

A mim, pelo que pude observar nas terras de Portugal, o que em verdade se me afigura é que o povo português é antes poeticamente melancólico do que fundamentalmente triste. A "apagada e vil tristeza" a que o poeta máximo se refere[84] não está no caráter do povo, mas na crise histórica do momento em que a verbera, e ele continua, em sentido inverso, no último canto, as vociferações do velho do Restelo interrompidas no canto quarto.

Naturalmente, o aperto da vida rural, com os seus processos de trabalho e de cultura muito atrasados, e onde a gente, principalmente a do norte, se habituou a contar com o amparo perpétuo dos homens que andam pelo Brasil, não permite excessos de alegria, que aliás não são da sua índole, bem diferente neste ponto da do povo espanhol, tão expansivo e ruidoso. Mas a esse mesmo aperto resiste a alegria serena do povo, que se diverte em cantos e danças nas suas festas e romarias, algumas das quais celebram o próprio trabalho, como as espadeladas e as vindimas; e não devemos também esquecer que os poetas mais tristonhos são muitas vezes bons homens alegres, que vivem no bulício das cidades e sobretudo na

---

84 Referência à obra *Os Lusíadas*, de Camões (canto X). (N.E.)

323

capital, sem contato direto com o povo e não representam o seu sentir; bem sei que os há sinceros nas queixas que rimam, mas o pensamento, como as aves mergulhadoras, busca sempre alimentar-se no fundo amargo e ignorado das coisas, e não é à filosofia desses espíritos fatigados e raros que podemos pedir o sentido da vida comum do seu país. Eternos descontentes, sonhando sempre com perfeições que não existem no âmbito estreito do mundo em que vivem, esses senhores são pessimistas e muitas vezes injustos. O teatro talvez pudesse mais facilmente servir de base ao estudo do verdadeiro sentimento de uma raça e eu lamento não ter estudos que me permitam cotejar por exemplo as alegrias do povo espanhol com as do português, vistas no palco através das peças da literatura dramática dos dois povos.

Mas este assunto é por demais transcendente para estas linhas semanais e ligeiras, que não se propõem a discutir ideias de autores consagrados sobre a coragem ou o desânimo lusitano, mas tão somente a reivindicar para nós um atributo que é privilégio nosso e que ninguém nos pode contestar: o da tristeza – que os nossos nefelibatas envolvem de claridades violáceas e doces, chamando-a d. Tristeza, com *t* grande, para maior prestígio! Ainda mais do que a esse atributo reivindico para nós o título original de povo de suicidas. E este nosso desamor pela vida não me parece temo-lo herdado de Pedro Álvares

Cabral nem mesmo do Caramurú, mas das angustiosas senzalas africanas, de onde, mesmo quando se saía para a dança, era em passos miudinhos e tristes e ao som de soturnos batuques.

É realmente espantoso como até mocinhas novas já consideram a vida um fardo, pedem armas às mamães e vão depois encerrar-se nas suas alcovas para fazerem saltar os miolos! A frequência de tais fatos não pode deixar a gente de estremecer de susto. Que educação, que noções dos deveres sociais temos nós, se por qualquer ciumada ou mesmo por um grande desgosto amoroso, lançamos petróleo e fogo às saias ou fazemos estalar o crânio com uma bala?

Precisamos decididamente desprezar a glória de sermos um povo de suicidas e procurar os meios de curar o sentimentalismo doentio das meninas que se matam por amor dos namorados, ou dos meninos que matam as namoradas, com ferocidade e escândalo, por despeitos amorosos. Afinal de contas, a humanidade tem responsabilidades a que não se deve furtar sem mais nem menos; e essas soluções definitivas por causas remediáveis sucedem-se tão frequentemente entre nós, que estão mesmo a pedir um corretivo enérgico.

Há contra elas uma arma terrível, mas de manejo doloroso: o ridículo. Os seus golpes são mais do que nenhuns outros dolorosos, mas têm o seu perdão na intenção de salvamento das vítimas que o temam, porque afrontar o ridículo é coisa a que ninguém se atreve nem mesmo depois de morto!

Caberá à imprensa e à literatura começar o combate. Nas suas seções mundanas os jornais ensinarão os seus leitores, e principalmente as suas leitoras, a resistir às grandes dores morais e a pôr carmim na lividez das almas com o mesmo garbo com que o distendem sobre a palidez das faces; e nos livros e poemas se cobrirá de epítetos pouco amáveis todo o amante que se julgar com o direito de matar uma mulher porque ela lhe nega um beijo ou o dá a outro...

Num país de tão pequena população e de tão grande território, como é o nosso, tais deliberações de supressão não podem ser aceitas sem protesto. Nada de espalhar flores piedosas sobre as virgens que se matam por zelos, e que mais tarde se converteriam, se continuassem a deixar-se viver, em operosas mães de família, ou mesmo tias, que também têm o seu préstimo e o seu encanto...

Como poderemos incutir no espírito do nosso povo que a verdadeira poesia da vida e a sua maior glória é o predomínio da razão sobre a vontade, da razão enérgica contra os desfalecimentos mórbidos e os desesperos sentimentais?

Há uns tempos para cá os suicídios por amor, que mais que a [ilegível] filosofias e mais que o jogo atira vítimas para a sepultura, têm-se reproduzido no Rio em condições de parecer que uns arrastam os outros. As meninas que falam aos portões com os namorados, e ao despedirem--se deles com um arrufo não hesitam em se mandarem para o outro mundo com um tiro no próprio coração ou com um copo de ácido fênico pelas goelas abaixo, são em muito maior número do que seria conveniente à nossa variedade social...

Serão muitos desses casos sugeridos por outros idênticos? É quase certo. Ainda numa das suas últimas crônicas, Bonhomme Chrysale, de *Les Annales*, atribui o aumento da criminalidade em França aos hábitos da imprensa, que a estimula com a narração de crimes sensacionais, lembrando a vantagem de não publicarem os jornais senão notícias sumárias desses crimes. Nessas notícias, curtas e secas, designar-se-iam os nomes dos malfeitores por uma simples inicial, fugindo de lhes exaltar a sede de *réclame* com a publicidade de seus nomes e das suas façanhas, antes esmagando-as sob o peso da indiferença e do silêncio.

Na certeza de que tal deliberação seria insustentável por parte da imprensa, o cronista lembra ao Parlamento do seu país a criação de uma lei nova, estrita, imperiosa, contra a divulgação dos grandes crimes.

Essa lei não só evitaria a exacerbação neurótica de certos leitores predispostos e tarados, como pouparia a muitos lares inocentes o vexame de se verem patenteados, nas suas maiores intimidades, à observação e ao comentário das turbas, como ainda agora aconteceu entre nós com o triste caso da rua Haddock Lobo.

Compreendo que seja difícil a um repórter sopitar o desejo de fornecer ao seu jornal o acepipe de uma notícia despertadora de interesse geral e de fácil comentário, só por obediência a um princípio moral em que nem todos creem. Mas se outros interesses superiores se opõem a esse prazer profissional, que tenham santa paciência os senhores repórteres, pondo nas suas notícias a máscara convencionada.

Ninguém poderá saber se um remédio cura sem o ter experimentado ou visto experimentar em alguém. É o caso de aplicarem este durante um certo tempo ao Brasil, para depois, cotejando estatísticas, saber se de fato ele é proveitoso ou se não. Porque a verdade que ninguém ignora é que não é só a França que se deve preocupar com a sua criminalidade e os seus suicídios...

41

30 de abril de 1912

Não sei por onde pegar hoje no assunto que as circunstâncias me oferecem e que se apresenta aos meus olhos como um osso descarnado, um osso branco e estéril à força de ter sido roído em público sem utilidade para ninguém.

Há certas matérias em que um cronista pode reincidir sem enfado, porque são por sua natureza agradáveis a todos os indivíduos; mas há outras de que não se fala sem correr o risco de irriçar a paciência das pessoas, mesmo as mais pacíficas e indiferentes. Mas que remédio senão arcar com tais contratempos e dificuldades? Está claro que seria muito mais agradável para mim e para os que me lessem falar de música, por exemplo. A música é a arte suprema, a sublime e suavíssima consolação da humanidade atormentada, afligida por tantos séculos de trabalhos, de dúvidas, de investigações e sobressaltos. As sonatas de Beethoven são ainda as mais largas janelas que se conhecem abertas para o esquecimento das maldades terrenas, para o jardim estrelado do ideal infinito. Oh! a delícia da música e o que se poderia dizer já, na certeza de acudir a grandes curiosidades, a respeito deste novo compositor francês, o sr. Fanelli, que, tendo vivido sempre obscuro, ignorado de todos e ignorando talvez ele próprio os seus merecimentos, surge aos quarenta e tantos anos à tona luminosa da fama, sobraçando as suas composições, feitas desde a adolescência no meio do fragor tumultuoso da sua enorme e distraída capital! Paris ouviu-lhe finalmente as harmonias, e o mundo todo já arde no desejo de o conhecer e de lhe bater palmas. Também eu gostaria que me falassem desse senhor Fanelli e me contassem como pôde ele suportar por tanto tempo sozinho o peso do gênio, sem gritar ao menos uma vez por socorro!

Não vou também discorrer sobre teatros, que é assunto aprazível e dócil, porque nos oferece uma condicional pelo menos tão vasta como o oceano Pacífico: a de descrevermos o teatro que teríamos *se* tais e tais fatos se viessem a realizar no nosso país. Não há nada para entreter a imaginação como criar situações que não existem. A elasticidade deste caso é para isso maravilhosa, mas a pressa obriga-me a aconselhar que nos contentemos nele, pelo menos por enquanto, com as glórias de João Caetano e entreguemos ao Destino tudo o mais.

Há um outro assunto em que um escritor pode reincidir sem o receio de parecer impertinente, porque tem a magia da banalidade ao mesmo tempo que do efêmero: as modas. A questão é ter a habilidade de intercalar na descrição as do uso feminino com as do sexo forte. Nas vitrines de gravatas ou de cartolas também se juntam transeuntes absortos e contemplativos. Pois não se vê isso a cada passo, na rua? Nem sempre há vagares para filosofias e argumentações graves. Tudo tem seu lugar. Entretanto, há pessoas que nunca encontram o seu na Vida; ocupam muitas vezes postos que lhes não competem, deixando vagos aqueles para que se habilitaram e para cujas funções têm competência.

A aviação; o automobilismo; a política; o feminismo; a arte; a literatura; a religião; o amor; a guerra; a indústria; o militarismo; o inferno; são temas férteis, cheios de recursos para quem escreve e de interesse para quem lê. Mas este que tenho de esbrugar hoje mais uma vez diante do leitor, embora não seja de interesse restrito, também não comove um grande número de almas, e era justamente isso o que eu quereria!

A bem dizer, bastava-me que uma alma se comovesse: a do sr. prefeito.

A história é simples e já que chegamos a ela falemos com simplicidade e clareza.

Estava eu um dia muito sossegada no gozo de uma curta vilegiatura em Caldas, quando o correio me levou uma carta original, porque não continha, dentro do envelope fechado, mais do que uma curta e lacônica notícia cortada do *Jornal do Commercio* do dia 17 de março, dizendo que na diretoria de Obras e Viação municipal estavam abertas concorrências para os calçamentos e paralelepípedos das ruas d. Luiza, Joaquim Murtinho, etc. O nome desta última ia sublinhado. Certamente a pessoa que me enviou tal retalhinho de papel quis perturbar as doçuras do meu sossego campestre, envenenando o meu repouso – pensaria eu se não tivesse visto à margem da mesma notícia um ponto de exclamação, seguido desta ordem expressa em tinta roxa: proteste.

Ingênuo e desconhecido amigo, que assim contou com o poder da minha palavra!

Quantas e quantas vezes chamei a atenção dos nossos poderes municipais para este curto trecho de Santa Teresa, lembrando-lhes a vantagem de quando o transformassem de caminho particular em via pública o fizessem logo de uma maneira bela e definitiva?

Já nem me lembro.

E de que tem valido isso à linda mas pobre estrada? Nada. Querem convertê-la num caminho para automóveis e pensam em revesti-la de pedras, que o declive do terreno não permitirá conservar sem depressões. Por que não então o macadame? Informa-me uma pessoa de Barbacena que essa cidade tem há muito as suas mais íngremes ladeiras macadamizadas e em perfeito estado de conservação. Que se estude no seu exemplo este problema, antes de fazerem uma rua para carroças onde se esperava ver um caminho de recreio e de luxo. É fantástico o desamor que temos pelas nossas belezas naturais, que tanto deveríamos pôr em evidência se tivéssemos mais um pouco de respeito à estética. Toda esta Santa Teresa está clamando por quem a ame e a compreenda, dando-lhe jardins, arborizando-lhe as ruas, fazendo-lhe terraços para miradouros, e destruindo-lhe as casas dos barrancos que interceptem a vista dos largos panoramas, tão variados desde a Carioca ao Silvestre!

De que serve o meu protesto? Ele ficará sem resposta, e, entretanto, esta curta rua, apadrinhada hoje com o nome de Joaquim Murtinho, que foi um grande amigo das árvores, não terá lugar para uma árvore sequer, porque, tendo apenas dez curtos metros de largura e uma linha dupla de bondes, que Deus conserve, servirá também para passeio de automóveis... Resta-nos ainda a dúvida de que possa ser agradável e mesmo higiênico passear-se de automóvel sobre um calçamento de paralelepípedos, que mais do que sobre o leito da estrada pesarão um dia sobre a consciência de quem os tiver mandado assentar...

E será só esta a nossa mesquinha vingança. Inspirai-
-nos outra, oh deuses!

***

No doce e lindo fim da última semana entram-me em
casa dois livros novos, um de versos, de Aderbal de
Carvalho, a quem envio os meus agradecimentos, e outro de sociologia – *A verdadeira revisão constitucional*
–, pelo engenheiro Samuel de Oliveira. Não é esta uma
obra de cujos merecimentos, que sei serem notáveis, se
possa dizer alguma coisa senão depois de vagarosa e bem
meditada leitura; por tal razão não têm estas linhas, com
que me apresso em acusar o recebimento do livro, senão
uma intenção – agradecê-lo.

42

7 de maio de 1912

Quando uma vez escrevi contra o vestuário relaxado de certas classes do nosso povo nas ruas e praças públicas, recebi algumas cartas, umas de animação e outras de protesto, que me vieram demonstrar quanto este assunto interessa à nossa sociedade. Ninguém pensaria, entretanto, que tal interesse existisse, porque nem ao menos por obra de sugestão ele produziu nenhum efeito salutar.

Volto neste momento de um passeio pela cidade e trago a mesma impressão de negligência que me obrigou então a censurar a nossa polícia de costumes pelo nenhum recato e pouco asseio com que certos indivíduos ousam afrontar em plena luz do sol o olhar alheio. E penso que efeito produziria em qualquer senhora estrangeira, mesmo a mais pacata e modesta alemã ou suíça acabada de desembarcar, o aspecto do mulatão gordalhudo que hoje vi a uma esquina, de camisa de meia curta e calças seguras abaixo do umbigo, cuja cova negra se destacava num meio palmo de ventre estufado e amarelo.

Se os nossos fotógrafos de instantâneos quisessem, poderiam fornecer aos seus respectivos jornais ou revistas alguns modelos curiosos de tal desmazelo e talvez que dessa colheita de abjeções resultasse algum benefício para a cidade... Se com o riso se castigam os costumes, com a fotografia se poderão talvez corrigir as *toilettes*. E é mais que tempo de se fazer a tentativa...

Ora, imagine-se que uma pobre *miss* contratada em Londres para ir a Valparaíso ensinar *niños* em casa de família, ao parar no nosso porto desembarcava para subir ao Corcovado ou ver o Jardim Botânico, o nosso maravilhoso Jardim Botânico, e em caminho do cais para a avenida via de repente a uma esquina o tal sujeito a que aludi! Que pensaria essa moça da nossa polícia, dos nossos costumes, da nossa tolerância? E, voltando para bordo, continuando a sua viagem para o Chile, não seria provável que a acompanhasse, com a impressão das belezas incomparáveis de nossa capital, a visão irritante daquele ventre redondo, furado pelo buraco negro de um umbigo?

E bom seria que ela não tivesse visto também tanta gente descalça quebrando as unhas pelas calçadas, e tantas mulheres sujas carregando água à cabeça e de mais a mais em feias latas de querosene. Sim, porque se ao menos a conduzissem em alguma bilha de forma original, dariam ainda uma impressão de indústria ou arte nativa que talvez a alguém pudesse interessar... Assim mesmo, há tempos, disse-me um pintor no largo da Carioca, vendo passar uma rapariga com uma das tais latas à cabeça da qual lhe escorria um fio de água sobre o ombro: "que bom modelo..."

Efetivamente, a rapariga era bonita. Mas mesmo que o não fosse tanto.

Os pintores e os poetas aproveitam às vezes estas figuras imundas e fazem delas, desde que sejam características, personagens deliciosas. São os prodígios da arte que tudo diviniza; mas fora das telas ou dos poemas, caminhando no asfalto das ruas civilizadas, tais modelos são singularmente prosaicos e pouco acordes com a harmonia do conjunto.

Esta nota não é de tangência agradável, mas nem só de coisas amáveis se pode entreter um escritor que ame a sua terra e a queira ver em tudo feliz e perfeita.

Ora, o Rio de Janeiro é uma linda cidade, mas está cada vez mais assustadora. Os seus automóveis são a representação viva da morte, o terror dos transeuntes sempre ameaçados que não dobram esquinas nem atravessam ruas sem um batimento sobressaltado de coração.

337

Certos *chauffeurs*[85] divertem-se com os sustinhos que pregam nos pedestres distraídos e vão ao ponto às vezes de simular arremetidas contra uma ou outra pessoa que fica por isso atordoada e perplexa. E a polícia? Olha para essa chalaça como para o tal mulato da esquina: com a mesma indiferença...

Assombrosa polícia a nossa! E se à vista da sua atividade e disciplina alguém aventar a ideia de pedir à França, como fez São Paulo, um interventor que lhe modere os zelos, saltam logo protestos, afirmando que não precisamos de estrangeiros para nada e que em questões de ordem, como em tudo o mais, podemos dar exemplo ao mundo. Sim, damos exemplos de acidentes constantes, trucidações em um minuto de pessoas que a necessidade obriga a andar na rua para tratar dos seus negócios sem cogitarem que um automóvel as mande para o outro mundo sem lhes pedir licença!

O prazer de passear acabou. Quem anda pelas ruas tem a preocupação aborrecida de observar constantemente em redor de si, visto que nenhum gesto de policial imperativo faria sustar qualquer automóvel que o ameaçasse.

Madame Catulle-Mendès, acostumada como está ao bulício de Paris, disse-me ter mais medo de atravessar

---

85 Em francês, "motoristas". (N.E.)

aqui uma rua do que naquela capital, pela razão simplicíssima de que os veículos aqui têm um movimento desigual e demasiadamente acelerado.

Assim como a polícia não se incomoda com a indisciplina dos *chauffeurs*, não se inquieta também com a audácia dos pequenos vendedores de jornais, os garotos espertos que saltam nas entrelinhas dos bondes; que se atiram dos estribos de um carro para os de outro carro com uma agilidade que os pode trair e fazer pagar muitíssimo caro o interesse que tiverem tido no lucro de alguns tostões.

É de fazer tremer. O passageiro está sempre assim na iminência dolorosa de assistir à cena terrível da morte de uma criança esmagada pelas rodas de um pesado elétrico, quando esse elétrico não vá comboiando ainda outros carros.

Diante de todos estes desconchavos, de todas estas balbúrdias e feios aspectos, nenhuma pena votada às glórias da sua cidade pode permanecer inerte ou indiferente. Confessar erros e apontar com toda sinceridade defeitos que parecem corrigíveis, se não é tarefa doce, é bem-intencionada.

***

O que é doce, o que é mesmo extremamente agradável para um escritor, é ter de saudar alguém por ter praticado um ato digno de admiração. O voo com que Eduardo Chaves cortou o espaço entre São Paulo e o Rio demonstrou tanto arrojo, tamanha serenidade, tão absoluto domínio da vontade e confiança em si, que conseguiu arrancar o povo carioca do torpor em que ele há tempos vive mergulhado para seu mal, fazendo-o vibrar de entusiasmo.

Dizem os que assistiram à chegada do intrépido moço à Central, que a multidão lhe fez uma verdadeira apoteose. Os jornais tecem-lhe também merecidos elogios. Agora, o resto é com o governo.

Por mim mando-lhe muito sinceramente as minhas palmas.

Recepção a Eduardo Chaves em São Paulo, depois da primeira tentativa de voar da capital paulista ao Rio de Janeiro em seu Blériot, *O Malho*, 1912, n. 505, p. 15. Acervo da Fundação Biblioteca Nacional.

43

4 de junho de 1912

*É sabido que nesta capital
morre de duas em duas horas
e meia um tísico. No entanto,
que temos nós feito?*

As linhas que servem de epígrafe a este artigo destaquei-
-as eu do relatório da Liga Brasileira contra a Tuberculose, sob a gerência de 1911. São terríveis. Li-as com um
arrepio de pavor e de espanto. Reproduzo-as por um dever de humanidade.

Embora não me acreditem os leitores céticos, a verdade é que estremeço de comoção a cada palavra que traço
no papel, na certeza de que a este instante corresponde
o de uma agonia de morte que a cooperação de nós todos
talvez tivesse evitado.

Compreende-se; a maioria das vítimas da tuberculose
é pobre. São cozinheiras, costureiras, operárias, gente que
vive de um salário exíguo, que mal lhe permite domicílio

e alimento. E podemos supor que alimento e que domicílio serão esses, numa terra de vida ingrata como a nossa!

A tais classes o Estado deveria amparar de um modo positivo, visto que, servindo elas, como servem, a outras classes mais afortunadas, mereceriam ao menos algumas compensações. *No entanto, que temos nós feito?*, pergunta o relator, não por si, que é médico da Liga, e por ela tem certamente trabalhado muito, mas por toda a comunidade brasileira. O tom em que é feita esta pergunta indica bem claramente qual deva ser a sua resposta.

Vê-se, porém, no mesmo relatório, que tem havido boas vontades isoladas, sem força para arrastar atrás de si as de toda uma população em prol dos infelizes tuberculosos. Leio aí que na legislatura passada o senador Sá Freire submeteu à deliberação dos seus pares um projeto de lei criando hospitais para tísicos adiantados e sanatórios para os enfermos ainda suscetíveis de cura. Infelizmente, tal projeto não logrou as honras de ser convertido em lei! Foi pena. Tivesse ele sido executado e talvez que o pobre tísico, que a esta hora exala o seu último suspiro num ignorado quarto de cortiço da nossa cidade, pudesse ter escapado da morte e vivesse ainda longamente produzindo e gozando...

É terrível a certeza de que de duas em duas horas e meia morre um tísico no Rio de Janeiro por descuido dos serviços sanitários da União, que em face de tão dolorosa contingência deveria ter de há muito fundado os hospitais e os sanatórios necessários. É provável que a diretoria da Liga mande a todos os nossos deputados e senadores este relatório em que, aliás, transparece a simpatia do governo pelo projeto Sá Freire, expressa num ofício do ilustrado ministro dr. Rivadávia Correia.[86] Essa prática fará talvez renascer nos recintos tumultuários das duas câmaras o desejo de salvar o país de uma calamidade tão nefasta como essa que de duas em duas horas lhe tira um filho, lembrando aos nossos legisladores que *"o Estado deve proteção e amparo a todos os que por suas condições de fraqueza e de ignorância não sabem nem se podem defender".*

Como a leitura de relatórios não interessa senão a um número muito restrito de pessoas, será bom divulgar nestes escritos ligeiros de jornal certas ideias que alguns deles encerram e que precisam de ampla circulação.

Neste da Liga Brasileira contra a Tuberculose palpitam importantes problemas da nossa vitalidade e da nossa fortuna. Uma população assombrada pelo espantalho da tuberculose, que de duas em duas horas arrebata um dos seus filhos, não pode dar ao mundo nenhuma ideia de felicidade. Penso, e muitas vezes o tenho dito, que a melhor e mais profícua propaganda que temos a fazer do Brasil

---

86 Na época, ministro da Justiça e Negócios Interiores do governo Hermes da Fonseca. (N.E.)

não é no estrangeiro; é dentro de casa. Trabalhemos com ânimo forte para que as nossas estatísticas provem que o nosso clima é salubre, que o nosso país é trabalhador e ordeiro, que o nosso coração é generoso e o nosso espírito, liberal e justo – e uma grande emigração de gente útil virá espontaneamente bater à nossa porta.

Os assuntos que se debatem nas cinquenta e tantas páginas do folheto que tenho entre as mãos valem por uma biblioteca. Quais são eles? A infância e a escola; medidas profiláticas antes e durante o tirocínio escolar; seguro familiar obrigatório para a colocação de pequenos tuberculosos em estabelecimentos especiais; criação de asilos, de hospitais, de sanatórios para doentes em diversos graus da moléstia; regulamentação do trabalho das mulheres e dos menores; criação de caixas de seguro contra a invalidez dos operários; disseminação de conselhos sobre higiene a bem da coletividade, que sei eu!, um punhado de ideias dignas da nossa maior e mais serviçal atenção.

A Liga contra a Tuberculose tem feito muito em favor da população pobre do Rio de Janeiro e sente-se-lhe o desespero de não poder fazer ainda mais. Não tardará talvez muito que isso aconteça, porque os seus ideais são muito generosos e muito belos para ficarem ainda por longo tempo incompreendidos.

Embora as mensalidades dos sócios da Liga sejam modestíssimas – mil-réis –, elas têm ainda assim escasseado nestes últimos tempos. Decididamente, a vida moderna é a mestra superfina do egoísmo. O que de tal fato se depreende é que não podem as grandes associações contar com os particulares, não porque eles sejam maus ou indiferentes, mas porque são distraídos, absorvidos pela intensidade dos múltiplos afazeres, ou porque... ou porque são pobres. Como compete ao Estado olhar pela saúde pública, e como afinal, bem deduzido tudo, o Estado somos nós, que ele reverta em benefício de todos o imposto sobre o álcool lembrado pelo senador Sá Freire e que bastaria para obstar a morte de muita gente nesta cidade tão bem fadada pela natureza.

No relatório a que aludo, poderá o sr. prefeito estudar, pelos efeitos da tuberculose, as condições especiais de cada bairro, verificando as razões por que este ou aquele fornece à estatística mortuária maior número de vítimas que outros quaisquer. A arborização ou ajardinamento de uma praça, a ventilação de um trecho aglomerado de casas infectas pelo ar renovado de uma rua nova podem servir de grande auxílio aos intuitos da Liga Brasileira contra a Tuberculose no seu afã de salvar os habitantes do Rio da contaminação ou da morte; a morte ainda no período útil da vida, que é a mocidade. De resto, se os cálculos matemáticos podem ser mais eloquentes que os impulsos do coração, faça-se conta de que o Estado despenderia, para prolongar tantas vidas moças que desaparecem, com o que elas no correr dos tempos pudessem produzir a bem do Estado e ver-se-á que o capital empregado por ele nesse empenho só correria um risco: o de ser compensado por largos juros. Entretanto, eu desejaria que me dissesse quem sabe mais do que eu:

Haverá outra cidade, com a população da nossa, em que de duas em duas horas e meia morra um tísico?

***

Fazia eu ponto neste artigo quando o correio me trouxe o livro *Impressões da Europa*, do dr. Nilo Peçanha, obra que tenho viva curiosidade de ler, porque me fará penetrar no espírito de um homem a quem já coube a honra de governar o meu país e a quem tudo indica estar reservada em futuro próximo eficaz intervenção na nossa vida de nação civilizada.

Tenho ainda a agradecer o livro de Chrysanthème, brilhante herdeira dos dotes intelectuais de Carmen Dolores: *Contos para crianças*, ilustrado por Julião Machado; o livro de contos: *Pela vida*, de Terêncio Porto, que li com muito agrado; *Breviário*, livro de poesias, de cujos merecimentos falarão melhor os poetas do que eu falaria; e *O avarento*, bela conferência feita em Campinas pelo jovem escritor Moraes, que neste estudo revela qualidades muito dignas de admiração.

44

9 de julho de 1912

A ideia que presidiu a ida do sr. dr. Campos Salles para a Argentina e consecutiva vinda do sr. general Julio Roca para o Brasil fez-me pensar em vários projetos que tive em tempos, de ir peregrinar pelas nossas terras do sul e pelas terras das repúblicas vizinhas, como emissária, embora fraca e modesta, dessa coisa que eu considero, como acima de todas, útil à civilização contemporânea – a paz.

Se para tão nobre empresa me faltavam certos dotes indispensáveis, sobrava-me a fé, com cujo poder sugestivo me era lícito contar...

Nunca tive a presunção de que as minhas palavras conseguissem o poder mágico de abalar as turbas, oh, não; mas esperava muito convictamente que fizessem, pelo

347

menos, voltarem-se para o meu ideal alguns corações. O meu segredo é que eu me dirigiria principalmente às mulheres. Entretanto, apesar de toda a minha boa vontade, o meu bordão de peregrina foi ficando encostado atrás da porta, e na murcha sacola da minha bagagem não caiu um grãozinho que pudesse servir para a projetada sementeira.

Assim, tal qual como muitas, de que está cheio, foi mais esta boa intenção figurar num certo país... para lá das fronteiras deste mundo.

Não são só os estadistas de incontestável prestígio, nem os homens políticos, cujo espírito está sempre em ebulição, que podem fazer penetrar na alma do povo, por meio de atos, decretos ou discursos, o sentimento de harmonia e de concórdia humana. Não basta um sopro de gênio para fazer desabrochar a rosa desse ideal. Para que ele floresça e irradie um dia o seu abençoado perfume é preciso sujeitá-la a uma cultura lenta, criteriosa, maternal.

Eis a palavra: maternal.

Onde se poderia encontrar propagandista de paz mais devotada, mais convencida, que na mulher, amiga de seus filhos, e interessada pelo bem futuro da sua tranquilidade, da sua prosperidade?

As mais esclarecidas trabalhariam pelo amor da razão, do direito, da justiça; nas outras, bastaria o sentimento de egoísmo, que é o cilício de nós todas, para as inspirar no verdadeiro caminho da paz futura.

A mulher, que até hoje na América do Sul tanto se tem negado a trabalhar para glória das pátrias remectivas, iniciaria com essa obra portentosa um período de felicidade único na história.

Não é fácil, bem sei, insuflar na criança, de ânimo quase sempre propenso à fascinação das maldades, desde as que se revelam com a perseguição dos insetos até a das picardias aos velhos e adultos, desamáveis noções que fiquem para a vida toda, contra a guerra, contra as prevenções, e a favor de outros povos, de outras raças que lhes são muitas vezes às próprias mães particularmente antipáticos...

Este papel heroico, embora ignorado, mais do que todos profícuo, embora modesto, fortaleceria no homem o espírito de justiça, tão perturbado agora, e o sentimento da bondade, tão necessário sempre! Ah, quem conseguisse arredar os espíritos de antipatias sem causa e de preconceitos, cuja influência pode levar uns homens a matar outros homens, poderia na sua hora derradeira fechar os olhos doce e tranquilamente!

De que modo seria preciso falar às mulheres sem descortino para convencê-las a trabalhar com tenacidade e doçura a favor da paz?

Seria preciso falar-lhes do modo mais singelo, fazendo-lhes principalmente vibrar no coração o sentimento de defesa materna. As outras mulheres de espírito mais preparado e esclarecido dispensariam de boa vontade toda a espécie de literatura no assunto para só animadas pelo [escuso] trabalharem também pela mesma ideia até fazê-la triunfar...

Depois de um vasto, de um benéfico período de tranquilidade, em que as vozes dos canhões não ofendessem os povos aniquilando-lhes os filhos, em que os pensamentos belicosos fossem abafados pelos risonhos desejos de um trabalho honesto e pelo esforço da perfeição, o mundo criaria por si mesmo horror a essas matanças coletivas, a essas carnificinas brutais indignas dos nossos tempos. Só o bem engendra o bem.

La guerre a tué la guerre[87] é um aforismo, a meu ver, falso. Cada guerra que abala o mundo com o fragor dos seus canhões e os relâmpagos da sua fuzilaria sugere paixões más e acorda em povos distantes entusiasmos perigosos e desejos cruéis de imitação. A desolação, a ruína, o atraso, a tristeza e muitas vezes a vergonha, inevitáveis consequências dessas lutas fratricidas e que fazem pagar tão caro a imprudência dos que as promovem, não bastam muitas vezes para reprimir ideias de guerras provocadas pelo exemplo de outras guerras sensacionais...

---

87 Em francês, "A guerra matou a guerra". (N.E.)

O que há de matar a guerra há de ser o esclarecimento da razão feito por longas campanhas de persuasiva bondade e límpido bom senso.

Desfazer enganos, desmanchar prevenções, tornar amigos povos desconfiados é, segundo o meu modo de pensar, o mais nobre dever da diplomacia moderna. É este que eu vejo cumprido agora pelos governos do meu país e da Argentina e com isso me alegro infinitamente.

***

Jaime de Séguier, o elegante e fito prosador do Ver, Ouvir e Contar, do *Jornal do Commercio*, despede-se com mal dominada tristeza do nosso público, por ter de mudar a sua tenda de trabalho da ruidosa Paris para a doce Roma dos mármores truncados e dos modernos palácios e jardins. O poeta, que há tanto tempo vivia encoberto pela prosa brilhante do jornalista, reaparecerá naturalmente cheio de novo esplendor em face da floresta sacra das pensativas pedras romanas...

Que reapareça o poeta, mas que o jornalista continue a mandar-nos da Itália a prosa amiga e clara a que nos acostumou, porque, se foi com tristeza que ele se despediu de nós no seu folhetim do Ver, Ouvir e Contar, foi com tristeza ainda maior que lemos as suas despedidas.

***

Livros que tenho a agradecer:

O visionário, versos de Matheus de Albuquerque, que é tão primoroso poeta como distinto prosador; *La patrie brésilienne*, conferência literária da distinta escritora Olga Sarmento, feita no Lyceum de Paris; *O livro de Job*, tradução de Basílio Teles e um estudo do tradutor sobre o poema; *Moral da natureza*, tradução de J. J. Vieira Filho, oferta do afamado editor Chardron, do Porto; *Regresso ao paraíso*, do notável poeta português Teixeira de Pascoaes ("Vede o homem sonhando; e, pelo sonho/ Remindo as ermas coisas transitórias"); *Esta história é para os anjos*, encantadores versos de Jaime Cortesão e encantadora edição da Renascença Portuguesa; e *Alma em delírio*, romance brasileiro, de Canto e Mello, a quem felicito cordialissimamente pela impressão de realidade que soube dar ao seu livro e pelo estudo consciencioso que revelou na apresentação da sua principal figura.

Por um engano compreensível na balbúrdia de remessas para o correio, veio endereçada à minha pessoa o exemplar dedicado à redação da *Federação*, de Porto Alegre. Espero que o crítico desse jornal tenha percebido a confusão e lido o meu exemplar, como eu li o seu!

45

6 de agosto de 1912

Seria cômico se não fosse tão dolorosamente trágico o caso da Central![88]

Seria cômico, por parecer inconcebível que em uma estrada de ferro de tão grande importância e tão graves responsabilidades, os desastres se sucedam com a pasmosa frequência com que se sucedem aqui sem que ninguém procure pôr cobro ao descalabro que os motiva... Afinal, os passageiros que enchem diariamente os comboios da

---

88 Dois trens da Estrada de Ferro Central do Brasil (atual Supervia), e logo em seguida um terceiro, se chocaram na altura do viaduto de São Cristóvão, causando várias mortes e dezenas de feridos. (N.E.)

Central não são feitos de cortiça, e é risível que um país interessado no empenho de povoar o seu solo e que despende rios de dinheiro para atrair o imigrante para as suas terras, consinta neste massacre de carne humana que tantas vidas úteis rouba ou inutiliza de um momento para outro. Quando não fosse pelo dever natural de proteção e respeito pela vida alheia, que ao menos esta consideração econômica obrigasse a administração da Central a ser correta e a proteger a existência dos que a ela se confiam...

Uma lealdade ao menos tem tido para com o público a nossa principal estrada de ferro: os seus acidentes têm crescido de gravidade gradativamente, de modo a poderem servir como que de advertência aos incautos. Que tremendo desastre virá depois deste último? Não é fácil de imaginar; contudo, quem não tiver pressa de ir para o outro mundo em caminho de ferro, será prudente não viajar por estes meses mais próximos, a não ser que o faça por outra via férrea ou por mar.

Já há muito tempo que certas pessoas, forçadas a viajar entre São Paulo e o Rio, adotam ostensivamente o transporte marítimo, no receio confessado não só de perigos muito prováveis, como de aborrecimentos, de atrasos e de sustos na Central.

Neste mesmo lugar declarei eu, ao escrever um artigo sobre a minha última excursão a Caldas, que fazia a viagem até Santos por mar, com medo de que me ficassem os ossos partidos em algum encontro de trens da nossa famosa e comodíssima Central. O que fiz, fá-lo muita gente, mais confiante no mistério impenetrável das ondas do alto-mar que nos mistérios de uma administração enigmática, porque insiste em dirigir o que não compreende, ou de que não tem força moral para corrigir ou desfazer enredos.

Bem sei que em toda a parte da Terra se dão desastres em estradas de ferro: alguns terríveis, verdadeiramente assombrosos – mas espaçados ou raros. O que é incompreensível, o que sai fora dos limites da razão para entrar com fúria pelos da loucura, é que não se tenha procurado por todos os meios imagináveis suster esta marcha fúnebre dos acidentes com que há tanto tempo a Central fornece assunto às folhas para necrológios e lamentações sobre prejuízos materiais e morais. Não se trata agora de uma questão de política nem de capricho; trata-se de uma questão de vida ou de morte, cuja solução não pode ficar adiada até novas desgraças. Que não fique no vago das coisas vagas o motivo destes descuidos ou destes crimes, e tudo se corrija, para honra do nosso nome e tranquilidade do nosso espírito. Não é desejar o impossível. De resto, cada vez há maior trabalho e mais energia precisamos despender para o simples fato de defender a nossa vida, por toda a parte ameaçada. Se há longos me-

355

ses que se diz: "quem tiver de viajar pela Central precisa fazer antes o seu testamento ou um seguro de vida em favor dos filhos" (pobres órfãos!), também quem tiver de sair a passeio pelas ruas do Rio terá por prudência de confiar a sua alma a Deus antes de pôr pé nas ruas mais frequentadas pelos automóveis, que não matam só pelo esmagamento, mas pela sufocação também.

Há poucos dias ainda um senhor do Uruguai ou da Argentina se lamentava, com razão, neste jornal, não só do buzinar atroador dos nossos automóveis a horas mortas da noite, quando não há trânsito nas ruas e os que estão nas respectivas camas querem dormir o seu soninho descansado, como do vapor fétido com que os *chauffeurs dan sin necesidad escape libre a sus motores*, e que enche o ar de uma nuvem sufocante, capaz de matar qualquer asmático e de arruinar ainda mais os pulmões de qualquer tísico.

Ni en Montevideo ni en Buenos Aires ni en ninguna ciudad del mundo permiten semejantes abusos, muy al contrario, tienen penas y severas a los contraventores, pues las autoridades tienen el deber de evitar que los habitantes de una ciudad no sean cuando menos incomodados en las horas del descanso, etc.

Como a Central, o automóvel no Brasil é um adido de sua majestade a Morte. Seria bom que os seus danos não fossem senão os de perturbar pelos urros caprichosos das suas cornetas o repouso de quem dorme, nem pelo vapor das suas máquinas o olfato de quem sai para respirar o ar livre das avenidas e que precisa, para viver, de bom funcionamento dos pulmões...

Vamos ver se a nossa polícia presta mais atenção ao espanhol destas censuras que ao português da imprensa carioca, tantas vezes consumido nos mesmos reparos e nas mesmas súplicas.

E já que falei em português, não quero deixar de aludir com o elogio que me merece, ao projeto do deputado sr. Maurício de Lacerda, determinando a obrigatoriedade do ensino de português em todas as escolas estrangeiras existentes no Brasil.

Na persuasão de que nada vincula um homem a outro homem como a palavra irmã, muitas vezes me tenho aqui mesmo neste lugar referido à necessidade de estabelecermos escolas (até mesmo nas fazendas particulares auxiliadas por contribuições dos governos estaduais) em que a nossa língua seja ensinada ao colono estrangeiro. As minhas felicitações ao distinto deputado levam, portanto, o carimbo da mais evidente sinceridade que nem um dos leitores do meu *Correio da roça* deixará de confirmar.

Considero a língua uma verdadeira pátria. Por isso, não compreendo bem qual seja, em relação ao nosso, o sentimento patriótico de certos brasileiros que não falam português, nascidos em cidades em que as atas das próprias câmaras municipais são redigidas numa língua diferente da nossa. Não duvido que os filhos dessas localidades adorem egoisticamente as suas terras dentro dos seus curtos limites intercircunferenciais, mas amarão, como nós, todo o Brasil? De raças diferentes, exatamente o que poderia haver de comum entre eles e nós seria a língua, que é a melhor nacionalizadora.

Quantas capacidades intelectuais estarão fechadas, no próprio seio do nosso país, dentro dos muros desses idiomas a que somos alheios? Não seria o caso de se pensar também, além de escolas, na fundação de bibliotecas públicas nas cidades alemãs de Santa Catarina? Livros, revistas, conferências, tudo isso pode ser aproveitado na propaganda do Brasil... no Brasil.

E vamos lá; as conferências, que muitos reputam maçadoras, têm um grande prestígio nos povos civilizados. A questão depende toda do conferente saber impor-se. Ainda há dias notamos isso ouvindo o poeta João de Barros, autor do belo poema "Anteu", falar sobre a saudade e o amor nos poetas de Portugal, assunto finamente literário, que parece só dever agradar a um restrito número de iniciados, e que chamou, entretanto, grande concorrência ao salão do *Jornal do Commercio*. O poeta fez-nos penetrar na alma nova do seu país, pela porta luminosa da sua palavra ardente e entusiástica, e o público saudou-o prolongadamente, com bem sentida satisfação.

Antes de pôr o último ponto nesta crônica, quero ainda falar de um artista – o violoncelista holandês Emílio Simon – cuja técnica poderosa e sentimento personalíssimo tive ensejo de admirar há poucos dias. Professor em um conservatório oficial dos Estados Unidos, ele passa pelo nosso país em viagem para a Europa, onde vai gozar o repouso de umas curtas férias. Mas mesmo em férias, quem tenha a consumir-lhe a alma o fogo sagrado da arte, trabalha por ela delirantemente.

Emílio Simon, ainda muito moço, apaixonado pela música e pelo seu instrumento, dará ainda esta semana um concerto no Rio de Janeiro e tenho prazer em chamar para essa festa de arte a atenção do público.

46

13 de agosto de 1912

Noite; nas florestas que circundam o Rio de Janeiro perpassam luzes que não são doces nem pequeninas como as dos vagalumes... Os pássaros encolhem-se de terror nos ninhos; os répteis enfiam-se espavoridamente pelas tocas adentro; as árvores encurvam os seus galhos como interrogações:

– Que será?... que será?!

E as luzes, carregadas por mãos de homens, vão e vêm, rentes à terra, lambendo-a com o seu calor, tateando-a com a sua claridade trêmula, querendo adivinhá-la, penetrá-la, até arrancar-lhe do seio o segredo mortal a ela confiado pelo crime de um outro homem...

Se as luzes param, cravam-se logo no chão unhas agudas de aço, unhas ferozes que magoam as fibrilhas das plantas adormecidas ou as raízes plácidas das grandes árvores benditas que, na suprema angústia da sua força impotente, se quedam augustas e silenciosas na escuridão.

O que elas terão presenciado, as árvores impassíveis que cingem com o seu anel de esmeraldas esta cidade turbulenta, cortesã, luxuosa e luxuriosa, pecadora impenitente e ambiciosa terrível! Quantos dramas asquerosos estarão temporariamente ou para sempre escondidos no seio virginal e clemente do seu solo, ainda inexplorado pelos golpes da enxada rude e a semeadura fértil!

Ah! O Rio de Janeiro tem bem onde ocultar os seus delitos e os seus pavores, tendo a cercá-lo a floresta e o mar...

Mas o mar tem o costume de Shylock,[89] de não restituir o que recebe, e a alma trágica de Macbeth,[90] que é luz na superfície e tredo embuste no fundo. O que lhe encravarem pesadamente nas areias, chumbado pela necessidade de um olvido eterno, lá ficará para sempre, eternamente escondido. Só o que lhe é atirado à superfície rapidamente,

---

89 O agiota judeu personagem da peça *O mercador de Veneza*, de Shakespeare. (N.E.)

90 Outro personagem de Shakespeare, da conhecida tragédia *Macbeth*. (N.E.)

sem cautelosa precaução, é depois recambiado às praias, já despojado, contudo, dos seus dons mais preciosos...

A floresta não. A floresta é o refúgio dos que ainda esperam. Desambiciosa, honesta, não devora tesouros que lhe confiem e que ela guarda intactos até a hora em que os vão buscar para o redemoinho da vida a que se destinam. Como julgaríamos nós a humanidade se pudéssemos entender a voz das árvores?

Creio que esta pergunta já tem sido formulada por vários poetas e filósofos, concluindo, tanto uns como outros, que tal julgamento seria feito através de uma piedade infinita e cheia de amargura...

É talvez pelo instinto dessa piedade soberana que os desvairados, os aflitos, correm a esconder aos pés das árvores magnânimas os frutos acres do seu pecado...

Como este dinheiro do Tesouro, enterrado e desenterrado agora das matas do Andaraí e do Sumaré, quantos outros crimes estarão ocultos sob as lapas frias ou as terras moles das serras e grotas que nos circundam?

Quando, alta noite, o piscar esmeraldino dos vagalumes pontuar de estrelinhas a escuridão dos bosques, e os gênios da solidão, balouçando-se nas redoiças dos cipós, virem chegar os ladrões – curvados para o chão, dedos aguçados como os dos ancinhos; bocas cerradas, para que a própria voz não os traia irrompendo-lhes do peito; e ajoelhando-se na terra sagrada se puserem a cavar, se

362

puserem a cavar, para nela esconderem joias ou dinheiro, e saírem depois desconfiados, olhando para trás, no manifesto terror de que as próprias árvores impassíveis possam ir no seu encalço para os denunciar; quando tal acontece, por que não hão de esses doces gênios invisíveis ter voz para chamar a si os ladrões e aconselhá-los, e convencê-los a retroceder com os seus roubos para submissamente os restituírem aos donos?

Que pena que a alma insinuante e grandiosa da floresta só saiba falar aos poetas e dizer-lhes o que deveria dizer principalmente aos desgraçados transviados do bom caminho!...

Se as lindas árvores do Andaraí e do Sumaré tivessem esclarecido o cérebro doido desse infeliz rapaz,[91] agora pre-

---

91 A autora se refere à "tragédia do Andarahy", na qual dois caixotes com 1.400 contos de réis, que deveriam ser transportados para o Rio Grande do Sul e Mato Grosso, foram roubados por funcionários do Lloyd Brasileiro, uma empresa destinada à exploração dos serviços de navegação no país. Os ladrões roubaram o dinheiro dos caixotes e o esconderam nas matas do Sumaré, Tijuca e Andaraí. Porém, um carteiro, morador no morro do Andaraí, surpreendeu um dos ladrões, João dos Santos Barata Ribeiro, quando ele envolvia parte do dinheiro em uma lâmina de chumbo. Em reação, o ladrão matou o carteiro com três tiros. Preso por moradores da região e depois pela polícia, o ladrão confessou o crime e denunciou os comparsas. (N.E.)

so na Detenção, com aquelas máximas que andam por aí traduzidas em prosa e verso, e com que elas ensinam que as alminhas humildes da gente pobre, de pés descalços e espírito rústico, são mais venturosas e mais perfeitas do que as dos homens insatisfeitos das cidades de luxo; se as árvores lhe tivessem feito sentir, através da serenidade da sua filosofia, que a felicidade neste mundo só existe num lugar: o fundo das consciências puras; e que a maior glória desta vida caberá à pessoa que na sua última hora declare aos outros e a si próprio – que nada tem de que se arrepender – quantas torturas, quantas vergonhas e desesperos lhe teriam essas doces árvores poupado! Desgraçadamente, porém, as árvores só falam aos que têm no peito poesia em vez de ambição; do que se poderá concluir: que as árvores só falam a quem as faz falar.

Pois lastimemos todos que a sacra Bíblia Verde da floresta seja incompreensível exatamente aos olhos dos que mais precisariam entendê-la...

Porque é inegável que, para acalmar esta sede furiosa de dinheiro e de gozos materiais, que abrasa as entranhas da sociedade moderna, fazendo dos fracos criminosos, seria preciso que ela se pusesse a amar com fé sincera ideais de bondade e de singeleza.

Mas onde existirão forças capazes de os inspirar, nesta hora de tumulto, em que a própria igreja, criada para os simples, preconiza o luxo pela boca prestigiosa de um dos seus sacerdotes, como há bem poucos dias nos afirmava um telegrama de Buenos Aires?...

Mais sintomático, mais triste do que o roubo dos mil e quatrocentos contos, é para mim o caso desta pobre menina de Catumbi, diariamente espancada pelos seus tutores. O outro é um crime sensacional, impessoal, de momento: este é um crime executado lentamente, longamente, sobre um entezinho fraco, pobre, e pelas próprias pessoas que lhe deveriam servir de pais! Somente este caso já não abala a curiosidade pública, acostumada a ver escorregar pelo escoadouro dos noticiários outros fatos idênticos. E é exatamente nisso que vejo uma grande causa de tristeza...

Se as informações fornecidas aos jornais são fiéis à verdade, essa infeliz criança, obrigada a viver entre dois carrascos, que, não contentes de a torturarem dentro dos tristes muros da sua residência, ainda a vexavam, em plena rua, dando-lhe pancada, se todas essas acusações são verdadeiras, por que prisma, Senhor, poderia essa desditosa menina ver a vida?

Pobre de quem morre deixando um filho pequenino...

APÊNDICE

Um lar de artistas[92]

"Pois eu em moça fazia versos. Ah! Não imagina com que encanto. Era como um prazer proibido! Sentia ao mesmo tempo a delícia de os compor e o medo de que acabassem por descobri-los. Fechava-me no quarto, bem fechada, abria a secretária, estendia pela alvura do papel uma porção de rimas...

"De repente, um susto. Alguém batia à porta. E eu, com a voz embargada, dando volta à chave da secretária: já vai! já vai!

"A mim sempre me parecia que se viessem a saber desses versos em casa, viria o mundo abaixo. Um dia, porém,

---

92 J. do Rio, *O momento literário*, [1908], p. 23.

eu estava muito entretida na composição de uma história, uma história em verso, com descrições e diálogos, quando senti por trás de mim uma voz alegre: 'Peguei-te, menina!' Estremeci, pus as duas mãos em cima do papel, num arranco de defesa, mas não me foi possível. Minha irmã, adejando triunfalmente a folha e rindo a perder, bradava: 'Então a menina faz versos? Vou mostrá-los ao papá!'

– Não mostres!

– É que mostro!

– Vai fazê-lo zangar comigo. Não sejas má!

"Ela ria, parecendo refletir. Depois deitou a correr pelo corredor. Segui-a comovidíssima. Na sala, o papá lia gravemente o *Jornal do Commercio*.

– Papá, a Júlia faz versos!

– Não senhor, não lhe acredites nas falsidades!

– Pois se eu os tenho aqui. Olha, toma, lê tu mesmo...

"Meu pai, muito sério, descansou o *Jornal*. Ah! Deus do céu, que emoção a minha! Tinha uma grande vontade de chorar, de pedir perdão, de dizer que nunca mais faria essas coisas feias, e ao mesmo tempo um vago desejo que o pai sorrisse e achasse bom. Ele, entretanto, severamente lia. Na sua face calma não havia traço de cólera ou de aprovação. Leu, tornou a ler.

"A folha branca crescia nas suas mãos, tomava proporções gigantescas, as proporções de um grande muro onde a minha vida acabara a alegria... Então, que achas?

O pai entregou os versos, pegou de novo o *Jornal*, sem uma palavra, e a casa voltou à quietude normal. Fiquei esmagada. Que fazer para apagar aquele grande crime? No dia seguinte fomos ver a Gemma Cuniberti, lembra-se? Uma criança genial. Quando saímos do espetáculo, meu pai deu-me o seu braço.

– Que achas da Gemma?

– Um grande talento.

– Imagina! O Castro pediu-me um artigo a respeito. Ando tão ocupado agora! Mas o homem insistiu, filha, insistiu tanto que não houve remédio. Disse-lhe: não faço eu, mas faz a Júlia...

"Minha Nossa Senhora! Pus-me a tremer, a tremer muito. O pai, esse, estava impassível como se estivesse a dizer coisas naturais:

– Estamos combinados, pois não? O prometido é devido. Fazes amanhã o artigo.

"Sei lá o que respondi! O certo é que não dormi toda a noite, nervosa, imaginando frases, o começo do artigo. Pela madrugada julgava impossível escrevê-lo, tudo parecia banal ou extravagante. Mas depois do almoço, antes de sair, o pai lembrou-me como se lembra a um escritor:

– Vê lá, Júlia, o artigo é para hoje. Tenho que o levar à noite.

"Havia um jornal que exigia o meu trabalho. Era como se o mundo se transformasse. Sentei-me. E escrevi assim o meu primeiro artigo... Só mais tarde, muito mais tarde, é que vim a saber a doce invenção de meu pai.

"O Castro nunca exigira um artigo a respeito da Gemma..."

Estávamos na casa de Filinto de Almeida, um *cottage* admirável, construído entre as árvores seculares da estrada de Santa Teresa. Eu descera do *tramway*[93] sob uma forte carga de chuva e, enlameado, molhado, embaixo da branca escada de mármore, não sabia como explicar tão lamentável estado. Filinto, porém, com um ar levemente imperioso, o seu ar quando começa a simpatizar com alguém, tomara-me o chapéu e d. Júlia sorria, cheia de bondade.

– Entre. Ninguém vê, estamos combinados que ninguém reparará na má ação do temporal.

Fora assim que eu ousara entrar e já trinta minutos havia que ouvíamos deliciados a dona daquele lar.

A casa de Filinto fica a dez minutos da cidade e é como se estivesse perdida num afastado bairro. Não há vizinhos; não há trânsito pela estrada, a não ser o bonde de quarto em quarto d'hora. Uma grande paz parece descer das árvores. Todas as janelas estão abertas.

---

93   Em inglês, "bonde". (N.E.)

A sala, de um largo conforto inglês, tem uma biblioteca com os livros preferidos dos poetas, um vasto *bureau*[94] cheio de papéis e revistas, e uma porção de quadros com assinaturas notáveis de Souza Pinto, Amoedo, Parreiras... Um perpétuo cenário de apoteose divisa-se das janelas – o cenário do Rio com o seu estrépito de sons e de cores, o tumulto das ruas estreitas, os montes escalavrados de casas, o perfume dos jardins e a enorme extensão da baía ao fundo.

Toda a cidade, estendendo por monte e vale o formigamento dos seus bairros, trechos da Gamboa, trechos centrais, torres de igrejas, a cúpula da Candelária, tetos envidraçados de frontões, altas chaminés de fábricas, palácios, casas miseráveis, pedaços de mar obstruídos de mastros, parece cantar o ofertório da vida. Ah! a humanidade da grande colmeia!

Quantos soluços, quantas alegrias, quantas raças! A chuva passara, o mormaço ia a pouco e pouco esfacelando as nuvens baixas e o panorama aumentava, crescia, assombrava com leves tons de azul e ouro, um panorama épico de porto de mar latino...

– Este cenário lembra-me sempre aquele livro seu: *A viúva Simões*. Não imagina a impressão desse trabalho

---

94　Em inglês, "escritório". (N.E.)

na minha formação de pobre escrevinhador. Que intensidade de vida! Sempre perguntava a mim mesmo: onde foi buscar d. Júlia um tipo de tão penetrante realidade?

– Onde? Mas é uma história inventada.

– Não é um livro *à clef*?[95]

– Não, não é, não há trabalho meu, com exceção de "Os porcos" e de *A família Medeiros*, que não seja pura imaginação. O caso de "Os porcos" eu ouvi contar numa fazenda, quando ainda era solteira. Os homens do mato são em geral maus. A narração era feita com indiferença, como se fosse um fato comum. Horrorizou-me. *A família Medeiros* tem dois ou três tipos que guardam impressões reais. Os outros não, são fantasia. Não imagina como me aborrece a ideia de fazer romances com histórias verdadeiras. E entretanto, sou vítima dessa suposição. *A viúva Simões* é a história de uma senhora conhecida; *A intrusa*, ainda outro dia Afonso Celso perguntou a meu marido se era um romance *à clef*... Andava muito contente com aquele conto: "A valsa da fome". Mandei o volume a uma das minhas primas em Lisboa e recebi logo uma carta sua. Oh! "A valsa da fome", a verdade dessas páginas! Há

---

95 Referência ao gênero romanesco conhecido como *roman à clef*, que trata de um estilo de romance no qual pessoas e eventos reais são incorporados à história como personagens e episódios fictícios. (N.E.)

dezesseis dias em Cascais deu-se um fato idêntico. Apenas o fim é que é diverso. Os rapazes levaram o pianista a jantar e ele desmaiou...

Nós sorríamos.

– Que se há de fazer? Quantos há por aí copiando a verdade, que são sempre falsos? D. Júlia tem a luminosa faculdade de criar, e trata os personagens da fantasia como educa os seus filhos. É a vida.

– Oh! os meus personagens. Às vezes são até inconvenientes. A gente inventa-os e no meio do livro eles começam a discutir, a ter desejos, a forçar as portas da atenção. *A intrusa*, por exemplo, quando a fantasiei, devia aparecer muito pouco...

Uma criança loira, de uma beleza de narciso, aparece à porta. É a Margarida. As suas longas mãos no ar, chamando a mãe, são tão finas e rosadas que recordam as pétalas dos crisântemos. D. Júlia levanta-se.

– Vou ver o Albano, coitadinho... Já não o vejo há muito tempo.

Ficamos sós um instante.

– Há muita gente que considera d. Júlia o primeiro romancista brasileiro.

Filinto tem um movimento de alegria.

– Pois não é? Nunca disse isso a ninguém, mas há muito que o penso. Não era eu quem devia estar na Academia, era ela.

Esse sentimento de mútua admiração é um dos encantos daquele lar. Filinto esquece os seus versos e pensa nos romances da esposa. Leva-a a certos trechos da cidade para observar o meio onde se desenvolverão as cenas futuras, é o seu primeiro leitor, ajuda-a com um respeito forte e másculo. D. Júlia ama os versos do esposo, quer que ele continue a escrever, coordena o volume prestes a entrar no prelo. E ambos, nessa serena amizade, feita de amor e de respeito, envolvem os filhos numa suave atmosfera de bondade.

– Tens no teu questionário uma pergunta a respeito da influência do jornalismo. Nós todos somos um resultado do jornalismo. Antes da geração dominante não havia bem uma literatura. O jornalismo criou a profissão, fez trabalhar, aclarou o espírito da língua, deu ao Brasil os seus melhores prosadores. Não é em geral um fator bom para a arte literária, e talvez no Brasil não o seja muito em breve, mas já o foi e ainda o é. Falas também das literaturas à parte. Tivemos a *Mina* da Bahia, a *Padaria* do Ceará, temos os ocultistas decadentes do Paraná, mas tudo isso mais ou menos desaparece ou tende a desaparecer. A literatura centralizou-se no Rio. Os rapazes de talento abandonam a província pela capital, e quando lá estão são sempre reflexos daqui. Não existirá nunca a arte regional.

Mas aparece a Lúcia, a outra filha, uma beleza brasileira, morena, redondinha, acariciadora.

374

Filinto abandona a arte regional, a *Mina*, a *Padaria*, os decadentes, para cobri-la de beijos.

– Sabes como eu a chamo? *Sinhá Midobi*. Ai! a minha filha! E faz versos. Esta casa está perdida, fazem todos versos, são todos poetas, o menos poeta sou eu...

D. Júlia volta.

– Então o Albano?

– Bem, está direito. Sabe o sr. que é muito difícil responder ao seu inquérito? Tem tanta coisa! Começa logo com uma pergunta complexa a respeito de formação literária. Tive duas criaturas que a fizeram – meu pai e meu marido. Em solteira, meu pai dava-me livros portugueses – o Camilo, o Júlio Diniz, Garrett, Herculano. Já publicara livros quando casei, e só depois de casada é que li, por conselho de meu marido, os modernos daquele tempo – Zola, Flaubert, Maupassant.

– Maupassant causou-lhe uma grande impressão. *A viúva Simões*...

– Eu li Maupassant depois de publicada *A viúva Simões*. Sou de muito pouca leitura. Era capaz de passar a vida lendo, mas uma dona de casa não pode perder tanto tempo. E até fico nervosa quando vejo livros por abrir. Seria tão agradável gastar a existência lendo!... Quem entretanto cuidaria dos filhos, dos arranjos da casa?

– Como faz os seus romances, d. Júlia?

– Aos poucos, devagar, com o tempo. Já não escrevo para os jornais porque é impossível fazer crônicas, trabalhos de começar e acabar. Idealizo o romance, faço o *canevas*[96] dos primeiros capítulos, tiro uma lista dos personagens principais, e depois, hoje algumas linhas, amanhã outras, sempre consigo acabá-lo. Há uma certa hora do dia em que as coisas ficam mais tranquilas. É a essa hora que escrevo, em geral depois do almoço. Digo às meninas: "Fiquem a brincar com os bonecos que eu vou brincar um pouco com os meus." Fecho-me aqui, nesta sala, e escrevo. Mas não há meio de esquecer a casa. Ora entra uma criada a fazer perguntas, ora é uma das crianças que chora. Às vezes não posso absolutamente sentar-me cinco minutos, e é nestes dias que sinto uma imperiosa, uma irresistível vontade de escrever...

– E apesar disso – diz Filinto –, tem doze volumes publicados e começa a escrever um grande romance.

– Oh! um livro muito difícil, apenas esboçado, sobre a vida das praias, dos pescadores.

D. Júlia está sentada na sombra, fala dos livros e dos filhos ao mesmo tempo. Estou a crer que os confunde e pensa nos personagens da fantasia criadora como beija os meigos frutos da sua vida. É calma, repousada, doce a sua voz, como são maternais os gestos seus. Qualquer coisa de suave e de simples aureola-lhe o semblante, impõe a

---

96   Em francês, "esboço", "plano". (N. E.)

veneração. Uma grande sinceridade, tal que decerto, ao ouvi-la, as almas mais retraídas lhe devem confessar a vida e pedir-lhe conselhos, como se pede aos bons e aos misericordiosos.

– E que me diz das escolas em luta, do socialismo, do nefelibatismo, do feminismo?

– Há tudo isso?

– Pelo menos parece. A *Regeneração*, o *Ideólogo*, Tolstói, e logo depois Stirner, Nitzsche, o naturalismo, o simbolismo...

– Deus do céu! É verdade que eu leio pouco. Alguns desses senhores, entretanto, (creio que os nefelibatas) são por demais complicados. A arte, para mim, é a simplicidade. Ser simples e sóbrio é um ideal. Eles, ao contrário, confundem, torturam, torcem.

– A verdade é que nós atravessamos um período estacionário – intervém Filinto. – Esse mesmo nefelibatismo passou. A geração vitoriosa é ainda a de Bilac, Alberto, Raimundo na poesia e Machado de Assis, Neto, Aluísio na prosa.

– E o feminismo, que pensa do feminismo?

Parece-me ver nos olhos de d. Júlia um brilho de vaga ironia.

– Sim, com efeito, há algumas senhoras que pensam nisso. No Brasil o movimento não é, contudo, grande. Acabo de receber um convite de Júlia Cortines para colaborar numa revista dedicada às mulheres. Descanse! Há uma seção de modas, é uma revista no gênero da *Femina*...

Já passa de duas horas o tempo em que eu, numa *causeuse*[97] de couro, interrogo inquisitorialmente os dois artistas. Levanto-me.

– Vai-se embora? Tão cedo?

– Duas horas! Há lá embaixo, naquela fornalha, uma outra fornalha que me espera: o jornal. Despeço-me. Ainda uma pergunta: dos seus livros, qual prefere?

– Vai ficar admirado.

– É *A falência*?

– Não.

– O primeiro?

– Não, é *A casa verde*, porque foi escrito de colaboração com meu marido. *A casa verde* lembra-me uma porção de momentos felizes...

– Imagina eu fazendo romances! Era porque ela queria. Também só me sentava à mesa depois que me dizia: tem que fazer um capítulo hoje com estes personagens, dando-lhe este desenvolvimento.

D. Júlia sorri. Como o *tramway* passa, precipito-me, e, ao tirar o chapéu, já dentro do carro, vejo no terraço os

---

97   Em francês, "sofá de dois lugares". (N.E.)

três airosos perfis dos três petizes de Filinto, que adejam no ar as mãozinhas de rosas.

Então, enquanto o *tramway* descia a montanha, com a visão daquelas duas horas embaladoras, eu pensei que o adeus perfumado das crianças fora como um resumo e um símbolo do espírito daquele lar. Filinto dividiu o tempo entre o esforço material e o verso, para lhes dar o conforto. D. Júlia, a criadora genial, tem a doce arte de ser mãe. E os seus livros não são outra coisa, na sua intensa verdade, que a evocação do Amor, do Amor multiforme, fatal como o viver, o Amor em que se desnastra como um harpejo de alegria, como a esperança mesma da vida presente, crendo no futuro, o riso cantante das crianças...

SOBRE JÚLIA LOPES DE ALMEIDA

Júlia Valentina da Silveira Lopes de Almeida nasceu em 1862 na rua do Lavradio, Centro do Rio de Janeiro. Seu pai, Valentim José da Silveira Lopes, ou visconde de São Valentim, era médico e sua mãe, Antônia Adelina da Silveira Lopes, era professora de música, tendo se formado em canto, piano e composição pelo Conservatório de Lisboa. Ambos eram portugueses e emigraram para o Brasil nos anos 1850. A formação de Júlia foi feita em casa, com a ajuda de sua irmã mais velha, Adelina Amélia Lopes Vieira, de seus pais e de professores particulares. Sempre incentivada pelo pai, Júlia estreou sua carreira em 1881, no jornal *Gazeta de Campinas*, com a publicação de uma crônica sobre a atriz italiana Gemma Cuniberti.

Considerada um verdadeiro fenômeno literário, ela escreveu romances, contos, novelas, peças de teatro, crônicas, ensaios, livros didáticos e infantis. Como cronista, atuou nos mais importantes jornais e revistas, como *A semana* e *O Paiz*, onde publicava semanalmente e chegou a ter uma coluna chamada Dois Dedos de Prosa. Ao longo da vida, Júlia publicou diversas obras, como *Memórias de Marta*, *A família Medeiros*, *A viúva Simões*, *A falência*, *A intrusa*, *Cruel amor*, *Correio da roça*, *A Silveirinha*, *Pássaro tonto*, *O funil do diabo* e *A casa verde*. A maioria de seus romances foi publicada primeiramente em folhetins nos jornais e depois em formato de livro. Por exemplo, a obra *Memórias de Marta* foi publicada em folhetim no jornal *Tribuna Liberal* de 1888 a 1889, e lançada como livro apenas em 1899.

Júlia atuava ativamente no meio literário, jornalístico e intelectual brasileiro. Lutou pela emancipação feminina, aconselhou mulheres a trabalharem e terem sua própria fonte de renda para não dependerem dos homens, criticou filósofos misóginos, pleiteou severamente a falta de educação para as mulheres, mas, sobretudo, o tipo de educação que recebiam em casa, ou seja, alienadas politicamente, destinadas apenas ao casamento e à futilidade.

Em 1887, ela se casou com o poeta Francisco Filinto de Almeida, com quem teve seis filhos: Afonso (jornalista, poeta e diplomata), Adriano e Valentina (ambos falecidos na infância), Albano (desenhista e pintor), Margarida (escultora e declamadora) e Lucia (pianista). Eles viviam em um casarão no bairro Santa Teresa, no Rio de Janeiro, onde ofereciam celebrados saraus nos jardins, então conhecido como Salão Verde. Na época, os salões literários eram um espaço importante para os debates, principalmente para as mulheres, contribuindo muito para a emancipação feminina.

Em 1922, ela foi presidente de honra da I Conferência pelo Progresso Feminino, que foi presidida por Bertha Lutz e teve a participação de outras feministas da época. O objetivo principal do evento era "deliberar sobre questões práticas de ensino e instrução feminina", ampliando o debate sobre a inclusão social das mulheres no espaço público por meio da educação, o que as tornaria mais capazes de pleitear o direito ao voto feminino no Brasil.

Além disso, Júlia Lopes de Almeida foi a única mulher entre os idealizadores da Academia Brasileira de Letras em 1897. No entanto, por ser mulher, não integrou a lista dos imortais, apenas foi registrada como "esposa de Filinto de Almeida", este sim considerado um dos imortais da ABL. A Academia Carioca de Letras, porém, fundada em 8 de abril de 1926, tentou corrigir esse erro da ABL, tornando Júlia Lopes de Almeida patrona da cadeira nº 26. Ela faleceu em 1934 e, desde então, foi sendo gradativa e injustamente alijada da memória e história literárias.

Associação

DE

Imprensa

DOS

Estados Unidos do Brasil

CARTEIRA DE JORNALISTA

RIO DE JANEIRO

CADERNO DE IMAGENS

Figura 1. Ao centro, Valentim José da Silveira Lopes, pai de Júlia. À sua esquerda, sentada, Antônia Adelina da Silveira Lopes, mãe de Júlia. À frente deles, sentada, Adelina Amélia Lopes Vieira, sua irmã. E de joelhos, Júlia Valentina da Silveira Lopes, nome de batismo de Júlia Lopes de Almeida. Foto de 1867. Acervo de Cláudio Lopes de Almeida.

Figura 2. Júlia Lopes de Almeida, por volta de 1895. Nessa época, ela já atuava como cronista em diversos jornais e publicou, entre outras obras, *Memórias de Marta*, em folhetim no jornal *Tribuna Liberal*, de 1888 a 1889, e *A família Medeiros*, em 1892. Acervo da Academia Brasileira de Letras.

Figura 3. Júlia Lopes de Almeida com seus filhos, Afonso e Margarida (sentados), Albano e Lúcia (em pé). Acervo de Cláudio Lopes de Almeida.

Figura 4. Retrato de Júlia Lopes de Almeida, produzido pela pintora franco-brasileira Bertha Worms (1868-1937), em 1895. Acervo de Cláudio Lopes de Almeida.

Figura 5. Autógrafo de Júlia Lopes de Almeida, s.d. Acervo de Cláudio Lopes de Almeida.

Figura 6. Retrato de Júlia Lopes de Almeida em seu escritório, produzido pelo pintor finlandês Richard Hall (1860-1942). Acervo de Cláudio Lopes de Almeida.

Figura 7. Carteira de jornalista de Júlia Lopes de Almeida. Acervo de Cláudio Lopes de Almeida.

Figura 8. Título de sócio da Associação Brasileira de Imprensa de Júlia Lopes de Almeida. Acervo de Cláudio Lopes de Almeida.

Figura 9. Carteira de identidade francesa de Júlia Lopes de Almeida. Acervo de Cláudio Lopes de Almeida.

Figura 10. Passaporte do Reino de Portugal, concedendo autorização a Francisco Filinto de Almeida para o retorno do casal ao Rio de Janeiro após casamento em Lisboa, em 1887, e lua de mel pela Europa. Data: 23 de julho de 1888. Lê-se: "Concedo passaporte ao Snr. Francisco Filinto de Almeida [...] para o Rio de Janeiro levando sua Esposa a Exma. Snr. Júlia Valentina da Silveira Lopes [...]." Acervo de Cláudio Lopes de Almeida.

Figura 11. Máquina de escrever Remington da autora. Acervo de Cláudio Lopes de Almeida.

Figura 12. Casarão de Santa Teresa, Rio de Janeiro, localizado na rua Joaquim Murtinho. Nele, Júlia e Filinto faziam célebres saraus nos jardins, conhecidos como Salão Verde. Acervo de Cláudio Lopes de Almeida.

Figura 13. Júlia Lopes de Almeida e Francisco Filinto de Almeida, em Paris, s.d. Acervo de Cláudio Lopes de Almeida.

Figura 14. Júlia Lopes de Almeida e Francisco Filinto de Almeida, provavelmente no jardim de seu casarão, s.d. Acervo de Cláudio Lopes de Almeida.

Figura 15. Júlia Lopes de Almeida e a filha Margarida, no Rio de Janeiro, s.d. Acervo de Cláudio Lopes de Almeida.

Figura 16. Júlia Lopes de Almeida com os netos, Cláudio e Fernanda, na praia de Copacabana, na década de 1930. Acervo de Cláudio Lopes de Almeida.

Figura 17. Júlia Lopes de Almeida, Filinto de Almeida, os quatro filhos, os netos e outros conhecidos. Família reunida no casarão de Copacabana, s.d. Acervo de Cláudio Lopes de Almeida.

Figura 18. Busto de Júlia Lopes de Almeida no Rio de Janeiro. Obra da filha Margarida Lopes de Almeida. Foto da inauguração, em 1935, no Passeio Público, Centro do Rio. Júlia havia falecido em maio de 1934. Esse foi o primeiro busto de uma mulher na cidade. Em janeiro de 2004, porém, ele foi roubado e até hoje não se colocou outro no lugar. Acervo de Cláudio Lopes de Almeida.

Figura 19. Busto de Júlia Lopes de Almeida em Lisboa, Portugal. Obra da filha Margarida Lopes de Almeida, ao lado na foto. Produzido em 1939 e inaugurado em 28 de março de 1953, no Jardim Gomes de Amorim. Acervo de Cláudio Lopes de Almeida.

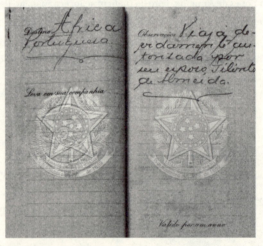

Figura 20. Passaporte de Júlia Lopes de Almeida. Em seu interior, a autorização de Francisco Filinto de Almeida, seu marido, para uma viagem à África portuguesa. Lê-se: "Viaja devidamente autorizada por seu esposo Filinto de Almeida." Acervo de Cláudio Lopes de Almeida.

Imagem da capa. Júlia Lopes de Almeida, por volta dos quarenta anos de idade. Acervo da Academia Brasileira de Letras.

Este livro foi editado pela Bazar do Tempo na cidade de São Sebastião do Rio de Janeiro, em setembro de 2024, e impresso em papel Pólen Bold 70 g/m² pela gráfica Margraf.
Composto em Harriet, Tenez e Sisters.

Foi lançado na Festa Literária Internacional de Paraty de 2024.